[개정판]

정말 궁금한데 물어볼 사람이 없어

기획·전략전문가의
2030 사무직 직딩 상담기

[개정판]

정말 궁금한데 물어볼 사람이 없어

발 행 | 2023년 02월 08일
저 자 | 정도전(Marcus J. Jeong)
펴낸이 | 한건희
펴낸곳 | 주식회사 부크크
출판사등록 | 2014.07.15(제2014-16호)
주 소 | 서울특별시 금천구 가산디지털1로 119 SK트윈타워 A동 305호
전 화 | 1670-8316
이메일 | info@bookk.co.kr

ISBN | 979-11-372-6799-2

www.bookk.co.kr

[개정판]

정말 궁금한데 물어볼 사람이 없어

기획·전략전문가의
2030 사무직 직딩 상담기

정도전 지음

들어가기 전에

4년 전부터 주말 오전 시간을 이용해
젊은 사무직 직장인들(주로 20대 중반에서 30대)의
고민을 상담해주고 있습니다.

적지 않은 분들이
다른 누군가의 조언(助言, Advice)을 필요로 한다는 것을
우연한 기회에 알게 된 것이 계기가 됐습니다.

처음에는 '별볼일 없는 저의 조언들이
도움이 될까'라는 생각도 했습니다.

그러나 그에 대한 판단은
오롯이 조언을 받는 분들의 몫인 듯했습니다.

저는 그저
저의 조언에
고마워하시는 분들이 많다는 것에
늘 감사할 따름입니다.

CONTENT

제3장 이직(移職)도 전략적으로 해야 한다. 85

제4장 이직(移職)한 후(後)가 더 중요하다. 135

제1장

시작하며
(Introduction)

누군가에게 조언을 구하려는 시도 자체가
성장하고 있다는 증거(證據, Evidence)이다.

제1장 시작하며(Introduction)

일반적으로 우리는 사회생활(社會生活, 직장생활이 포함된 개념)이라는 거친 파도(波濤) 속에서 인생의 대부분을 살아가야 합니다.

그런데 만약 우리 주변에 위기 때마다 '조언(助言, Advice, Tip)을 구할 수 있는 경험이 많은 분'(이하 멘토)들이 계신다면 이런 거친 파도도 좀 더 수월하게 헤쳐 나갈 수 있을 것입니다. 왜냐하면, 우리가 사회생활을 하며 고민하는 대부분의 것(이하 고민거리)들은 세대(世代)나 나이를 불문하고 대동소이(大同小異, 차이가 거의 없음)하기 때문입니다.[1]

그래서 '나보다 먼저 사회를 경험한 선배들의 조언'은, '구매와 사용 경험이 많은 소비자'가 꼼꼼하게 작성해 놓은 인터넷 상의 '구매후기(購買後記)'와 같이, 후배들에게 언제나 도움(최소한 참고라도)이 될 수밖에 없습니다.

물론 이에 동의하지 않는 분들도 계시겠지만, 아무튼 저는 이런 생각에 기초해 '사무직 직장인분'들에게 '조금이라도 도움이 될 만한 조언'

---

[1] 이는 제가, 최근까지, 4년 넘게 젊은 직장인(주로 20~30대)들의 고민거리들을 상담해 주며 깨닫게 된 것입니다.

들을 이 책을 통해 공유해드리고자 합니다.

개정판이지만 당연히 부족한 점이 많을 것입니다. 그러나, 그럼에도 불구하고, 저는 이 책이 사무직 직장인분들에게 적지 않게 도움이 될 거라고 확신합니다. 왜냐하면, 이 책은 지금까지 시중에서 판매됐던 유사한 책들과는 조금 다른 뷰(View, 관점, 시각)로 작성됐기 때문입니다. 즉, 이 책은 주변에서 많이 볼 수 있는 평범한 직장 선배(예를 들면, 한 회사에서만 근무했거나, 국내 회사와 외국계 회사를 모두 경험해보지 않았거나, 하나의 산업에서만 근무했거나, 기획이나 전략 업무를 경험해 보지 못했거나, 사무직 커리어 중간에 퇴사해서 다양한 사업에 도전해 본 경험이 없거나, 여러 업종의 사업자들을 컨설팅해보지 않았던 분)들에게는 들을 수 없는 다양한 조언이나 팁들을 담고 있기 때문입니다.

추가로, 이 책의 내용은 당연히 여러분의 생각과 다를 수 있습니다. 그러나 아무리 그렇더라도 너무 노여워하지 마시고 '이런 생각을 하는 사람도 있구나'라고 너그럽게 이해해주시면 감사하겠습니다.

자 그럼 지금부터 본격적으로 제 생각들을 꺼내 보겠습니다.

01. 집필 배경(Background)

저는 운이 좋게도 10개가 넘는 회사에서 근무했습니다.
국내 대기업에서부터 외국계 금융회사까지,

그리고 거기에서
주로 기획이나 전략업무를 담당했습니다.

그래서 저와는
배경(업종, 전문분야, 전공, 학벌, 학력수준, 전직사, 국적 등)이 다른
많은 분들과, 치열하게 일해볼 수 있었습니다.

그 결과 한 회사에서만 근무하신 분들보다는
좀 더 다양한 상황들을 경험해 본 것 같습니다.

그리고 좀 더 다양한 뷰(View, 시각, 관점)도
갖게 된 것 같습니다.

저의 이런 특성(特性, Career) 때문인지
여러 회사의
선·후배님(주로 후배님들)들께서
고민거리를 꺼내 놓기 시작했습니다.

그리고 그런 분들의 수가
점점 늘어나기 시작했습니다.

저를
멘토(Mentor)로 생각하신다는 분들까지 늘어났습니다.

제 생각이나 말에
뭔가 다른 것이 있다는 것을 깨닫게 됐습니다.

그래서 저는
가능하다면, 조금이라도 더 많은 분들에게
제 생각을 공유해드리고 싶다는 바람이 생겼습니다.

그래서 이 책을 쓰게 됐습니다.

혹시라도 회사의 동료분들에게는
마음 놓고 물어보기 어려운 고민거리가 있다면
이 책을 한 번 읽어 보기 바랍니다.

그러면
아마도 고민의 무게를
조금이라도 줄일 수도 있을 것입니다.

02. 이 책의 특징 및 타깃(Features & Targets) ────────

이 책은 인사(人事, HR) 전문가가 아닌
기획·전략전문가의 시각으로 작성된 책입니다.

그래서 이와 유사한 기존의 책들과는
시각(視角, 또는 관점, 사물이나 현상을 바라보는 각도 또는 입장, View),
작성 형식, 그리고 표현이 '조금' 다를 것입니다.

그리고 이 책의 타깃(Target)은
주로 사무직으로 직장생활을 하시는
20~30代(대)의 젊은 분들입니다.

왜냐하면,
이 책은 그분들과 상담한 내용을 토대로
만들어진 것이기 때문입니다.

그러나, 아직 리더(팀장 이상)가 아닌 40代 분들이나
곧 직장생활을 시작하실 예비 취업자 분들에게도
어느 정도는 도움이 될 거라고 생각됩니다.

03. Disclaimer(면책사항) ─────────────

우선, 이 책은 어디까지나
제 개인적인 경험(직·간접적인)을 토대로 작성된 것입니다.

그래서 이 책의 내용들이
모든 분들에게 동일하게 적용될 수 있는
만능열쇠(무엇이든 열 수 있는 열쇠)는 될 수 없을 것입니다.

그러니 부탁드리건대
이 책의 내용을
하나의 '참고용 조언(또는 소견)'으로만 활용하시기 바랍니다.

그리고 반드시
저와는 다른 배경을 가진 분들에게도
한두 번 더 조언을 얻어보시기 바랍니다.

This page intentionally left blank.

This page intentionally left blank.

제2장

회사가 어떤 곳인지
정확하게 이해하라.

"모르는 게 많을수록
혐오(嫌惡, Hate)의 대상이 늘어날 뿐이다."

제2장 회사가 어떤 곳인지 정확하게 이해하라.

대중매체 중 특히 TV 예능이나 드라마에서는 회사라는 것[2]을 상당히 멋있는 이미지로 그려냅니다. 그래서 그런지 사람들(특히, 학생이나 사회초년생들)은 실제 회사라는 것도 그럴 것이라고 착각합니다.

그래서 회사에는 드라마에서 봤던 빌런(Villein, 악인)들도 한두 명은 존재하겠지만, 일반적으로 회사(특히, 임원급 리더들)라는 것은 당연히 ①합리적이고, ②도덕적이며, ③법규도 잘 준수하고, ④공정하며, ⑤직원들을 인간적으로 존중하고, ⑥소비자의 이익과 ⑦자연 환경까지도 보호(비록 최우선은 아닐 지라도)하는 곳일 거라고… 생각합니다.

물론, 그런 회사가 어딘가에 존재할 수도 있습니다. 그러나 실제 대부분의 회사들은 이런 이미지와는 상당히 거리가 있답니다.

왜냐하면, 회사는 돈(收益, Money, Profit, Stock Price)을 벌기 위해 존재하는 영리단체(營利團體, For-profit Organization)이기 때문입니다. 즉 회사는 돈만 된다면 수단방법을 가리지 않고 덤벼드는 조금 살벌한 시스템에 의

---

[2] CEO 등 임원, 사업가, 재벌, 기업의 제품이나 상품, 기업문화, 그리고 직장생활 등

해 운영되기 때문입니다. 그래서 회사라는 것은 ①사람을 단순히 비용(費用, Cost)으로 생각하고, ②분식과 탈세를 일삼으며, ③정치인, 언론, 학자, 법원, 관료 등을 매수하고, ④법규도 선택적으로 지키며, ⑤회사의 이익을 위해 국가와 국민을 언제든지 가차없이 버릴 수 있는 존재가 되기도 합니다.[3]

그래서 저는 이 책을 통해, 젊은 직장인들에게 회사라는 것의 생리(生理, 본성 또는 천성, Nature)를 조금 더 객관적으로 이해할 수 있는 정보를 제공해드리고자 합니다. 왜냐하면, 이를 제대로 이해하지 못하고 막연하게 회사라는 것을 긍정적으로만 생각한다면, 직장생활이 한없이 고통스러울 수밖에 없기 때문입니다.

'모르는 게 많을수록 혐오(嫌惡, Aversion)의 대상이 늘어날 뿐입니다.' 회사의 생리를 제대로 이해하지 못한다면, 회사에 대한 불만만 한없이 쌓이게 될 것입니다. 그리고 이런 부정적인 에너지는 결국 당신의 성장(成長)을 더디게 만들 것입니다.

그러니 지금까지 각인(刻印, 머릿속이나 마음속에 깊이 새겨 넣듯 기억됨)됐던 회사에 대한 이미지는 깨끗이 지워버리고 지금부터라도 회사라는 것을 좀 더 객관적으로 이해해보시기 바랍니다.

---

[3] 물론, 그렇다고 제가 '회사가 우리나라의 경제시스템(단순히 경제체제를 의미하는 것이 아님)에서 상당히 중요한 역할을 한다'는 것은 부인하는 것은 아닙니다.

01. CEO라는 이유만으로 존경하지 마라.

회사(모일 會, 모일 社)는
영리(營利, For-profit Business)를 목적으로 존재하는 조직입니다.

좀 더 구체적으로 말씀드리면
회사는 직원보다는
'투자자인 주주(특히, 대주주나 특수관계인들)'들의
'이윤 극대화'를 위해 존재하는 것입니다.

그래서 주주들은 당연히
자신의 이윤을 극대화시킬 수 있는 사람을
CEO(또는 고위 임원)로 선임(選任, Appointment)합니다.

그들의 인성, 도덕성, 정의감, 준법정신
그리고 역사의식 등은 사실 '전혀' 중요하지 않습니다.

그저 수단방법(?)을 가리지 않고...
자신들의 욕구를 충족시켜줄 수 있는 사람이면
족(足, Enough, 충분)하기 때문입니다.

그러니 단순히
CEO라는 이유만으로 상대를 존경해서는 안 될 것입니다

02. 공정하고 정의로운 회사는 없다. ──────

…그래서 공정(公正)하고 정의(正義)로운 회사(또는 조직)는
사실, 존재하기 어렵습니다.

왜냐하면,
이윤 극대화를 위해 존재하는 CEO나 임원들에게
충성을 맹세한 사람들이 모든 기회를 독식하기 때문입니다.

그리고 그 결과
합리적이고 공정한 절차(節次, Process)는 무시당하며
오직 이윤 극대화를 위한 일에만 초점이 맞춰집니다.

예를 들면,
그래서 사회지도층의 인사 청탁(채용비리 등)도
이렇게 만연(蔓延, Spread)하게 된 것입니다.

왜냐하면,
이런 부정행위(不正行爲, Cheating)들은,
정상적인 기업 활동으로는 얻을 수 없는,
상상 이상의 이윤(Profit)을
담보(擔保, Guarantee)해주기 때문입니다.

03. 스마트한 선배는 회사에 거의 없다.

…그래서 스마트한 선배들이 회사에 거의 없는 것입니다.

물론, 예전에는 회사에 스마트한 분들이 많았습니다.

그분들은 일도 잘하고
애사심(愛社心, Loyalty)도 남달랐습니다.

그리고 자신이 손해를 조금 보더라도
선배나 후배들을 위해 양보할 줄도 알았습니다
그래서 평판(評判, Reputation)도 좋고
따르는 사람들도 많았습니다.

그러나 그분들은
여러 번의 금융위기를 겪는 과정에서
회사라는 조직에 크게 실망하며
대부분 조직 생활을 청산해버리거나
자신들의 업무 스타일을 수동적으로 바꿔버렸습니다.

그래서 안타깝게도
회사에 있는 대부분의 선배(상사 포함)들이
여러분의 기대에 한참 못 미치는 것입니다.

04. 결핍이 있는 사람들이 성공하는 곳이다.

다른 영역들과 마찬가지로, 회사에서도
결핍(缺乏, Lack)이나
열등의식(劣等意識, Inferiority Complex)이 있는 사람들이,
일반적으로, '성공(보통 사람들이 생각하는 성공)'합니다.

왜냐하면,
결핍이나 열등의식이 있는 사람들은
그것을 극복(메꾸기)하기 위해
끊임없이 노력(?)하기 때문입니다.

물론 그들은 수단과 방법도 가리지 않습니다.
오직 극복이라는 결과만이 중요하기 때문입니다.

그래서 그들은
수많은 동료들을 배신하고
CEO가 되는 길을 쉽게 선택하는 것입니다.

그러나 결핍이나 열등의식이 없는 사람들은
굳이 그렇게까지 살 필요가 없다고 생각합니다.

그리고 성공이라는 것도 그들과는 좀 다르게 정의합니다.

05. 위계질서가 매우 중요하다.

회사에서는
위계질서(位階秩序, 직위와 직책의 상하 관계에서 발생하는 서열)가
정말 중요합니다.

그래서 선배와 후배(또는 하급자)가 다투면,
일반적으로,
이유를 불문(비록 후배에게 납득할 만한 이유가 있었다 하더라도)하고
후배(또는 하급자)가 더 치명상(致命傷, Fatal Injury)을 입게 됩니다.

불합리하다고 생각되지만
이게 일반적인 '조직의 생리(生理, Nature)'입니다.

그래서 다들 참고 지내는 것입니다.
여기에서 커리어를 끝내고 싶지 않기 때문에

"싸가지(표준어는 싹수)없는 놈"이라는
낙인도 찍히기 싫기 때문에

"가정 교육도 못 받은 놈"이라는
말도 듣기 싫기 때문에…

06. 갑과 을은 언제나 존재한다.

일반적으로
대주주와 사장(전문경영인) 간에는 사장이 을(乙)이 되고
사장과 임원들 간에는 임원들이 乙이 되고
임원과 팀장들 간에는 팀장들이 乙이 되고
팀장과 팀원들 간에는 팀원들이 乙이 되고…

정규직과 비정규직 간에는 비정규직이 乙이 되고…

발주처(都給人, 도급인)와 원청(原請, 수급인) 간에는 원청이 乙이 되고
원청과 하청(下請, Subcontractor) 간에는 하청이 乙이 되고…

그리고 고객과 직원 간에는 직원이 乙이 됩니다.

이렇게 회사는
상대적인 갑과 乙의 관계로 복잡하게 얽혀 있습니다.

07. 다 똑같은 하루를 사는 곳이다.

회사에서 하루는
모든 사람이 공평하게 '다 똑같은 하루'로 기록됩니다.

누군가는 새벽부터 출근해서
식사도 제때 못하고
사력(死力, Desperate efforts)을 다해
다음 날 새벽까지 머리를 쥐어짜내며 일해도 '하루!'

다른 누군가는 지각해서
화장실과 담배터를 들락거리고
점심시간을 넘겨 사무실에 들어와
커피를 마시며 시끄럽게 노닥거리다
상사의 업무지시에 어려운 일은 "못한다"고
"안 해봤다"고 튕겨내며 일해도 '하루!'

그렇게 1년이 지나고
10년이 지나도
모두에게 동일한
'1년'과 '10년'의 경력으로 기록되는 곳

이곳이 바로 회사입니다.

08. 쇼(SHOW)가 필요한 곳이다.

이른 아침부터
바른 자세로 앉아
모니터를 응시하며 열무(열심히 일)하시던 신 과장님!

그러다 윗분들이 출근하시면
매번 자리에서 일어나 공손하게 인사하시던 신 과장님!

윗분들은 모두 신 과장님을 칭찬했습니다.

이내 신 과장님은
신입 사원인 저의 롤 모델이 되셨습니다.

그런데 신 과장님은
윗분들이 자리를 비우시면 바로 사라지셨습니다.
전화도 받지 않았습니다.

이후에 그분이 술에 취해 저에게만 친(親)히
직장생활의 노하우(Knowhow)를 전수해 주셨습니다.

"직장생활은 쑈(바른 표기는 '쇼', Show)야 쑈",
"윗놈들이 있을 때만 잘하면 돼!"

09. 가지 많은 나무 바람 잘 날 없다. ────────

회사에서는 적극적으로 일하는 분들이
피해를 보는 경우가 많습니다.

그래서 아무도 하지 않으려고
눈치만 살피고 있는 일을
CEO나 가지고 있을 법한 주인의식(主人意識)으로
무작정 떠맡아서는 안 됩니다.

왜냐하면,
실수의 확률이 누구나 동일하다고 가정한다면,
일의 개수(個數, 절대량, Quantity)가 늘어날수록
실수의 개수도 증가할 것이기 때문입니다.

그리고 나중에 그로 인해
징계나 감사(監査)를 받게 될 수도 있기 때문입니다.

그래서 대부분의 리더(팀장이나 임원)들이
새로운 일을 떠맡지 않으려고
그렇게 사력을 다해
소모적인 회의를 반복하는 것입니다.

10. 닥치고 일할 사람이 필요하다. ────────

사실 상사(上司, Boss, Supervisor)는
시키는 대로 '닥치고' 일할 사람이 필요합니다.

즉, 상사에게는
이유 없이 갈궈도 어떤 말대꾸도 하지 않고 일할 수 있는,
밤새 아팠어도 아침에 출근해서 평소대로 일할 수 있는,
출근길 교통사고로 입원 치료를 받으면서도 평소대로 일할 수 있는,
출근길에 괴한(怪漢)의 총에 맞아 피를 흘리면서도
평소대로 일할 수 있는
팀원이 필요한 것입니다.

왜냐하면,
그래야 상사(팀장 이상의 리더)도 살아남을 수 있기 때문입니다.

그리고 그런 팀원들이 있어야
남들보다 더 빨리 더 큰 권력(權力, Authority)을 얻고
더 많은 보상(報償, Compensation 등)도 받게 될 것이기 때문입니다.

더럽다고 생각하실 수도 있지만
여러분도 상사가 돼 보면 바로 이해가 될 것입니다.

11. 건강관리도 업무능력이다.

위에서 말씀드린 이유로
상사(上司, Boss, Superior)는 자주 아픈 사람을 싫어합니다.

물론, 동료들도 그런 사람을 싫어합니다.

왜냐하면,
아파서 자리를 비운 사람의 일까지
남아있는 동료들이 떠맡아야 하기 때문입니다.

이럴 땐 상사들도
남아있는 팀원들의 눈치를 살피지 않을 수 없습니다.

왜냐하면,
이에 대해 효과적인 대안을 마련하지 못한다면
자칫 '무능한 상사'가 돼 버릴 수도 있기 때문입니다.

그리고 물론, HR(인사팀)도
자주 아픈 사람을 편하게 바라보지는 않습니다.
자기들도 함께 대안을 마련해야 하기 때문입니다.

안타깝지만 이게 현실입니다.

12. 과부하[4]는 걸고 특근비를 주지 않는다. ———

회사에는 일이 너무 많습니다.
그리고 그 일들 중 대부분은
가볍게 처리할 수 없는
고민을 좀 해야 하는 일들입니다.

그래서 근무 시간은 물론이고
출퇴근 시간 중에도,
식사 시간 중에도,
샤워 중에도,
그리고 잠자리에서도
계속 고민할 수밖에 없습니다.
즉, 측정되지 않는 시간외 근무(초과근무)를 하는 것입니다.

그런데 많은 상사들이
"일과시간에 일을 끝내지 못하는 사람은 무능하다"고 말합니다.

그러나 저는
이렇게 말하는 상사들은
'일을 한 번도 제대로 해본 적이 없는 사람들'이거나

———————————————

[4] 과부하(過負荷, Overload)

'고민 없이 일하는 무능한 사람들'이거나
아니면 '직원들에게 특근비를 주지 않으려고
미리 수를 쓰는 교활한 사람들'일 가능성이 높다고 생각합니다.

사실 팀원(또는 직원)들이 일과시간 내에 업무를 마무리하고
퇴근할 수 있게 만들어 주는 것은
상사들의 가장 중요한 역할이자 책임(Role & Responsibility)입니다.

상사는 일의 경중이나 난이도를 따져
팀원들 간의 업무를 적절하게 배분(분장)하고
조직이 효율적으로 운영될 수 있는 환경을 만들어야 합니다.

그리고 이런 작업이
팀장 레벨(Level, 선)에서 이루어지지 않고 있다면
임원 레벨에서라도 조정해줘야 합니다.

그래서 능력이 좀 부족한 팀원이라도
이왕이면 야근을 하지 않을 수 있게끔 신경을 써야 합니다.

그래서 위와 같이 말하며
모든 책임을 개인(팀원)에게 전가(轉嫁)하는 상사들은
아직까지도 자신의 역할과 책임이 무엇인지를
제대로 이해하지 못하는
무능한 사람일 가능성이 높습니다.

13. 회사는 학교가 아니다.

회사는 학교나 학원이 아닙니다.
그래서 '선배들이 당연히 업무를 가르쳐줘야 한다'는 기대는
일찌감치 버려야 합니다.

시간은 좀 걸리겠지만 모든 것을 스스로 배워야 합니다.

물론 이런 상황이 만족스럽지 못할 수도 있습니다.
그래서 "나는 나중에 내가 아는 모든 것들을
후배들에게 가르쳐 줄 거야"라고 다짐하는 분들도 있습니다.

그러나 정작 그 때가 됐을 때, 그렇게 하는 분은 거의 없습니다.

본전 생각도 나고,
또 후배가 배우는 속도가 빠르면
나를 치고 나갈 수도 있기 때문입니다.

그래서 만약, 지금 당신에게 업무를 가르쳐 주는 선배가 계시다면
정말 인간적으로 감사하게 생각하시길 바랍니다.

그리고 나중에 제발…
그분 뒤통수를 너무 세게 치지 않길 바랍니다.

14. 상사의 약속을 그대로 믿지 마라.

일반적으로,
상사(上司, Boss, Superior)가 하는 말 중에
특히, '미래에 대한 약속'은
절대 그대로 믿으시면 안 됩니다.

예를 들면,
"내년에는 반드시 너부터 승진(昇進, Promotion)시켜 줄게,
올해는 너보다 승진이 급한 박 대리가 있잖아…"

또는,
"너는 2년 뒤에나 대학원에 가라.
지금은 일이 바쁘니까… 일에 집중하자.
2년 뒤에는 내가 꼭 대학원 보내 줄게..." 등등…

이런 '막연한 미래에 대한 약속'들은
대부분 공수표(空手票, Empty promise)가 될 가능성이 매우 높습니다.

물론, 이렇게 말할 당시에는 상사도 진심이었을 것입니다.

그러나 이런 약속이 이행될 가능성은 거의 없습니다.

왜냐하면,
막말로 일년 뒤에 상사가
그 자리에 계속 계실지도 장담할 수 없기 때문입니다.

사실 요즘처럼
회사가 직원들을 소모품으로 취급하는 상황에선
상사도 그저 대체 가능한 소모품일 뿐입니다.

자기 스스로도 지켜 내기 힘든 회사에서
후배들까지 챙긴다는 것은 거의 불가능에 가깝습니다.

물론, 그럼에도 불구하고
아랫사람의 입장에서는
이런 공수표를 믿는 척이라도 해야 합니다.

같이 일하는 사람들끼리
좀 양보도 하고
이해도 해야 하기 때문입니다.

그렇지 않으면
'완전 이기적인 인간'으로
낙인이 찍힐 수도 있기 때문입니다.

15. HR은 신뢰하기 어려운 곳이다? ————————

태생적으로,
그리고 조직 체계나 역할상(上)
HR(Human Resource, 인사부문)은
사용자 측(노동법상 개념)에 가깝습니다.

즉, HR은
회사(사업주, 경영자, Management team)의 편(便)이며
사장(대표이사)의 의지를 가장 잘 받들어주는 조직입니다.

그들은 직원(노동법상 노동자)들의 편이 아닙니다.

그런데 이를
정확하게 이해하지 못하는 분들이
생각보다 많은 것 같습니다.

아무튼 그래서
그들과 대화를 나눌 때에는
각별히 조심해야 합니다.

그리고 필요하면 녹음(합법의 테두리 내에서)도 해야 합니다.

16. 본업을 이해하지 못하는 HR 전문가?

HR에서 근무하시는 분들은
대부분 자신들을 'HR 전문가'라고 소개합니다.

유명한 외국계 회사나 대기업의 인사부문에서 근무했던 커리어를
아주 자랑스러워하시면서…

하지만 그분들과 실제 부딪쳐 일을 해보면
'전문가'라는 의미를 조금 다시 생각해보게 됩니다.

왜냐하면,
그분들의 대부분은
본업(本業, Business)이나 현업(각 팀이나 현장 등에서 어떤 일을 하고 있는지)을
제대로 이해하지 못하는 사람도
'HR 전문가'가 될 수 있다고 믿고 있었기 때문입니다.

그리고 이런 믿음 때문인지 회사에는
섬(Island)과 같이 고립된 'HR 전문가'들이 생각보다 많습니다.

아무튼, 그래서 HR과 커뮤니케이션 할 때에는
그들이 당신의 업무(R&R 포함)나 상황을
제대로 이해하고 있다고 전제해서는 절대 안 됩니다.

17. 결국 업무적인 인간관계일 뿐이다.

아무리 친하게 지내도
회사에서 맺은 인연은
업무적(公的, Official)인 인간관계로 끝날 가능성이 높습니다.

왜냐하면,
회사는 '조직의 룰'이 적용되는 공간이기 때문입니다.

즉, 이 공간에서는
사실 다른 사람의 생존보다는
자신의 승진이나 월급이 더 중요하기 때문입니다.

그래서 아무리 친한 사이라도 의리를 지키기 어렵습니다.

그리고 상대에게 그런 것을 요구해서도 안 됩니다.

그래서 회사를 나오게 되면
그 관계가 금방 소원(疏遠, Distant)해지는 것입니다.

18. 사무실은 투명한 어항이다. ─────────

회사의 모든 직원들은
모니터링(Monitoring, 감시 또는 관찰)되고 있습니다.

즉, 보안장치(CCTV 포함)를 통한 출퇴근 기록은 물론
컴퓨터, 이메일, 메신저,
그리고 유선전화 사용기록 등이
모니터링되고 있는 것입니다.

그리고, 오너(Owner)가 시킨 것도 아닌데,
팀원들도, 팀장들도, 임원들도
서로서로를 모니터링합니다.

회사에는 참
남의 일에 관심이 많은 사람들이 많습니다.

그래서 회사에서는
아무도 보고 있지 않아도
늘 모두가 지켜보고 있는 것처럼
신독(愼獨)[5]해야 합니다.

───────────────

[5] 혼자 있을 때에도 도리에 어그러짐이 없도록 몸가짐을 바로 하고 언행을 조심함

19. 규정대로 챙겨 먹어도 욕먹는다. ────────

그렇지 않은 회사도 있겠지만,
일반적으로, 회사(공공기관 제외)에서는
규정대로 다 챙겨 먹으면
정말 많은 욕을 먹게 됩니다.

예들 들면,
휴가, 휴직, 식대, 교통비, 특근비, 출장비,
교육, 그리고 이외의 복리후생(콘도, 골프장 등) 등이
그런 것들입니다.

조금 이상하다고 생각될 수도 있지만,
회사라는 조직이 그렇습니다.

그래서 규정대로 챙기기 전에
항상 다른 사람들의 눈치를 살펴야 합니다.

이해하기 어렵지만
회사라는 곳에서는 무슨 일을 하든
다른 사람들을 신경 써야 합니다.

20. 포커페이스(Porker Face)⁶가 필요하다. ────

회사에서는 본인의 감정을
얼굴에 드러내지 않는 것이 좋습니다.

왜냐하면,
앞에서도 말씀드린 것처럼,
회사는 나 혼자 일하는 곳이 아니기 때문입니다.

그래서 회사에서는
상사에게 욕을 먹었을 때에도
칭찬을 들었을 때에도
승진을 하게 됐다는 소식을 들었을 때에도
그저 다른 누군가의 마음을 건드리지 않을 만한
담담한(차분하고 평온한) 표정만을 지어야 합니다.

물론, 칭찬을 듣거나 승진을 하게 됐다면
개인적으로는 충분히 기뻐할 만한 일이겠지만
그렇지 못한 분들도 늘 배려해야 하는 곳이
회사라는 '조직'이기 때문입니다.

───────────────

⁶ 속마음을 드러내지 않는 무표정한 얼굴

21. 뒷담화(험담)를 하지 마라.

윗분들은 예외 없이 뒷담화에 상당히 민감합니다.

그래서 누군가 자신의 뒷담화를 했다는 것을 알게 된다면
그를 절대 용서하지 않을 가능성이 높습니다.

그래서 동료들이 모여 윗분들을 욕해도
절대 동조해서 욕을 하면 안 됩니다.
그냥 "아 그렇군요" 정도로 맞장구만 쳐줘도 충분합니다.

그리고 메신저(사내 메신저, 카톡 등)로도
뒷담화를 해서도 안 됩니다.

왜냐하면,
그 내용이 그대로 캡처(Capture)돼
예외 없이 당사자에게 전달될 것이기 때문입니다.

같이 뒷담화를 한다고
의리가 돈독(敦篤, Strong)해지는 게 아닙니다.

뒷담화를 하면 지금 당장은 아니라도
언젠가는 '반드시' 크게 화를 입게 될 것입니다.

22. 라인을 타는 것은 위험하다.

대부분의 회사에는
비공식적인 라인(Line, 줄)이 존재합니다.

그리고 그런 라인을 잘만 활용하면
세칭 '잘 나가는' 직장생활도 할 수 있게 됩니다.

그런데 이런 라인을 타는 것이
자칫 명(命, 목숨, Life)을 재촉하기도 합니다.

왜냐하면,
정계(政界, Political world)와 마찬가지로
하나의 라인에는
반드시 경쟁 라인도 존재하기 때문입니다.

그래서 이왕이면
실무자급에서는 라인을 선택하지 않는 것이 좋습니다.

비록 주변에서
하나의 라인을 선택하도록 강요하더라도
실무자로서 업무를 익히는데 더 초점을 맞추시기 바랍니다.

23. 비밀스러운 사적 대화도 공유된다. ──────

회사에는 비밀(祕密, Secret)이 없습니다.

그래서
당신의 이력이나 연봉,
가족들의 직업
그리고 집안의 대소사(大小事)까지도
공지의 사실처럼 알려져 있는 경우가 적지 않습니다.

그래서 늘 조심해야 합니다.

사적(私的, Private)인 통화는 공개된 장소를 피하고
동료들(팀장이나 임원 포함)과도
너무 사적인 이야기는 하지 않는 것이 좋습니다.

왜냐하면,
회사라는 곳에서
입 밖으로 나온 비밀은
이미 비밀이 아니기 때문입니다.

24. 사내 연애는 자제하라.

사내 연애(社內戀愛, Office romance)는
피할 수 있다면 피하는 것이 좋습니다.

물론, 할 수도 있겠지만…
만약 그렇다면
반드시 비밀을 유지하길 바랍니다.

그렇지 않으면,
불필요한 불이익이나 오해를
받게 될 가능성이 높기 때문입니다.

예를 들면,
비밀준수(또는 정보보호나 대외비) 등을 이유로
둘 중 한 사람의 직무나 소속이 변경될 수도 있고
소속 팀의 정보(비밀 포함)가 유출됐을 때
가장 먼저 의심을 받게 될 수도 있습니다.

사실 이런 경우에는
실제 유출자를 찾기 어렵기 때문에
실체적 진실(實體的 眞實, Substantial truth)과 무관하게
불이익을 받게 되는 것입니다.

25. 어차피 90% 이상이 잡일이다.

지난주에 한 일들을
한번 떠올려 보시기 바랍니다.

아마 기억도 하기 싫은
'잡일(雜-, Chores)'들만 떠오르실 것입니다.

네 그렇습니다.

결론부터 말씀드리면,
회사에서 하는 일의 대부분은 '잡일'입니다.

리더급(팀장 이상의 레벨)이 되면
이런 잡일에서 벗어날 수 있을 것이라고
생각할 수도 있습니다.

그러나 리더급이 된다고
잡일에서 해방되는 것은 아닙니다.

그저 잡일의 비율이 조금 줄어들 뿐입니다.

그러나 물론, 줄어들지 않고 더 늘어나는 분들도 있답니다.

26. 당신이 아니어도 회사는 돌아간다.

사실 당신은 언제나
리플레이서블(Replaceable, 대체 가능한, 교체 가능한)한 존재랍니다.

물론, 현재
당신이 보유하고 있는
엄청난 지식, 기술, 노하우 등을 활용해
당신만이 할 수 있는 고유한 영역에서
회사에 지대(至大, Great)한 기여를 하고 있을 수도 있습니다.

그러나 아무리 그렇다고 하더라도
당신 아니면
회사가 안 돌아갈 거라고 착각해서는 안 됩니다.

안타깝게도… 당신이 없어도 회사는 잘 돌아갈 것입니다.

물론, 상황에 따라, 일정한 기간 동안
좀 삐걱거릴 수는 있겠지만
결국은 다시 잘 돌아갈 것입니다.

우리나라에는 인재(人材, Manpower)들이 넘쳐나기 때문입니다.
그것도 더 저렴한…

27. 결국 어차피 다 버려진다.

과거의 선배들처럼
현재의 회사가 당신의 미래를
책임질 것이라고 안심해서는 안 됩니다.

왜냐하면,
어차피 당신도 중간에 버려질 것이기 때문입니다.

당신도 그저 대체 가능한
소모품(消耗品, Expendables) 중 하나이기 때문입니다.

물론, 젊고 연봉이 낮을 때에는
버려질 가능성이 낮을 것입니다.

그러나 직위(과장, 차장, 부장 등)와
직책(팀장, 본부장 등)이 올라가면
반드시 그런 상황과 마주하게 될 것입니다.

그래서 미리미리 준비하셔야 합니다.
비참하게 버려지기 전에
최선을 다해 실력을 쌓아야 합니다.

28. 근태는 아직도 중요하다. ─────────────

근태(勤怠)는 아직까지도 상당히 중요한
'직장인의 덕목(德目, Virtue)' 중 하나입니다.

물론, 이 말을 하면 인상을 찌푸리며
"성과가 더 중요하다"고
열을 올리는 분들이 종종 있습니다.

그런데 이렇게 말하는 분들의 대부분은
사무직보다 성과를 훨씬 더 강조하는 영업직에게도
근태가 상당히 강조된다는 것을
잘 모르시는 듯했습니다.

그리고 물론
'회사의 규칙에 대한 이해'도 부족한 듯했습니다.

왜냐하면,
대부분의 회사가 근태에 관한 내용들을
취업규칙에 명문화하고 있기 때문입니다.

즉, 근태에 관한 규정들은
지켜도 되고 안 지켜도 되는 옵션(Option, 선택)이 아니라 반드시 지켜야하는 의무(義務, Duty, Obligation)사항입니다.

그래서 이를 위반할 경우
제재(制裁, Penalty, 주로 징계)가 가해질 수도 있습니다.

....

근태 중에서 가장 중요한 것은
단연(斷然, Definitely) '시간을 잘 지키는 것'입니다.

그래서, 예를 들면,
출·퇴근시간, 근무 시간, 휴식시간, 점심시간
외근이나 외출시간, 회의시간
그리고 교육이나 훈련시간 등을
성실하게 지키려고 노력해야 합니다.

물론 이 중에 제일 중요한 것은
바로 '출근시간을 잘 지키는 것'입니다.

특히, 회식 다음날의 출근시간은
그 어느 때보다도 중요합니다.

물론, 인간이기 때문에
때때로 실수를 할 수도 있습니다.

그러나 아예 회사의 룰을 존중하지 않는 사람은
프로(Professional) 대접은커녕,
성인으로서의 대접도 받지 못할 가능성이 높습니다.

그리고 이것은 제가 직·간접적으로 경험했던
모든 회사들이 동일했습니다.

참고로, '근태의 개념'을 간략하게 설명해드립니다.

근태(부지런할 勤, 게으를 怠)는
근퇴(勤退, 출근出勤과 퇴근退勤의 준말)와 동의어가 아닙니다.
물론, 근무상태(勤務狀態)의 준말도 아닙니다.
한자가 좀 다릅니다.

그러나 '근태'는 실무상
이 '두 용어'와 완전히 무관한 사이는 아닙니다.

사전적으로도 근태는 두 가지 의미를 담고 있습니다.

즉 사전상 첫 번째 의미는 '①부지런함과 게으름',
그리고 두 번째는 '②출근과 결근'입니다.

물론, 실무에서는 이 의미를 좀 더 구체화해서 사용합니다.

즉, '근태'란 출근과 퇴근, 근무 시간(시간외 등 포함), 지각,
조퇴(무단 조퇴 포함), 외출(외근, 무단 외출 포함), 결근, 출장,
파견, 교육, 예비군훈련, 휴직 등
취업상태(근로계약 중)에서
근로자에게 발생할 수 있는
근무상태에 관한 일체의 활동(活動, Event)들을 의미합니다.

그리고 근태관리란
위의 각 활동(Event)들을 효과적으로 관리해
직원들이 성실한 자세로 근무하게끔 만드는 일(Management)이며,
이에 관한 자세한 가이드라인과
위반(일탈행위) 시 제재사항은
주로 취업규칙에 상세하게 규정됩니다.

29. 인사를 잘해야 하는 곳이다.

세대(世代)를 불문하고, 선배들은 모두
"요즘 애들은 인사를 잘 안 한다"고 말합니다.

물론, 저도 신입 때(20여 년 전)에는 그런 말을 들었습니다.

그때는 회사라는 조직에 적응하기도 힘들었고
그저 모든 것이 어색했습니다.

그리고 인사의 중요성에 대해서도 제대로 인지하지 못했습니다.
그래서 인사도 눈치를 살피며 구부정하게 하거나,
인사할 타이밍도 못 잡아 주뼛대다
인사를 아예 못하기도 했습니다.

만약, 당신도 이런 상황이라면
인사를 잘 할 수 있는 방법을 어서 찾길 바랍니다.

왜냐하면, 일반적으로
인사를 잘못하는 사람은 일을 잘해도 욕을 먹고
인사를 잘 하는 사람은 일이 좀 부족해도,
긍정적인 평가를 받을 수 있는 곳이
바로 회사라는 조직이기 때문입니다.

30. 혼자 할 수 있는 일은 거의 없다. ─────

회사에서 '혼자 할 수 있는 일'은 거의 없습니다.

만약, 혼자 할 수 있는 일이 있다면
아마도 그것은 '아무도 신경 쓰지 않는
단순하고 반복적인 일(업무)'일 가능성이 높습니다.

그런데 혹시, 중요한 일이라고 생각되는데
당신 혼자만 하고 있다면
나중에 문제가 될 가능성도 있으니
반드시 근거 자료들을 꼼꼼하게 남겨 놓길 바랍니다.

아무튼 회사에서 하는 대부분의 일들은 상대가 있습니다.

일방적으로 도움을 받아야 하는 일도 있고
일방적으로 도움을 줘야 하는 일도 있고
서로 도와야 하는 일(협업, 協業)도 있고
또 좀 다퉈야 하는 일도 있습니다.

그래서 회사는, 학교와 달리,
혼자만 잘한다고 성공할 수 있는 곳이 아닙니다.

31. 아무튼 상대를 존중해야 한다.

누구나 상사와 선배는 존중합니다.
나보다 힘이 '더 센 분'들이기 때문입니다.

그러나 후배나 비정규직, 청소하시는 아주머니나 아저씨,
그리고 협력업체 직원들을 존중하는 사람은 많지 않습니다.
나보다 힘이 더 약한 사람(乙, 을)들이기 때문입니다.

그래서 그분들을 아주 쉽게 대하는 사람들이 참 많습니다.
사원부터 임원까지…

물론, 인성만 보고 채용하거나
승진시키는 것이 아니기 때문에
그럴 수도 있겠지만… 참 안타까운 상황이 많습니다.

여러분은 회사에서 만나는 모든 분들을
존중(尊重)하셨으면 합니다.
한번 다친 마음은 평생동안 치유(治癒)되기 힘들고
사람 일은 어찌될지 아무도 모르기 때문입니다.

이것을 깨닫는 것이 바로
'지능(知能, 사실관계 등의 현상을 받아들이고 생각하는 능력)'입니다.

32. 남들과 비교하면 안 되는 곳이다.

회사에서
동료들과 자신을 계속 비교하다 보면
반드시 불행(不幸, Unhappiness)해질 수밖에 없습니다.

회사에서는
당신이 동료들보다 더 빨리 승진했다고 해도,
아니면 다른 팀 후배가
당신보다 더 빨리 승진했다고 해도,
앞서거나 뒤쳐졌다고 생각할 필요가 없습니다

왜냐하면,
당신과 동료(선후배 및 동기 모두 포함)들은
학창시절(學窓時節, 신분이 학생이던 시절)처럼
똑같은 시험 문제로
단순하게 평가(우열을 가리는)되는 것이 아니기 때문입니다.

그리고 물론,
당신과 동료들은
직무도, 역할도, 그리고
처해있는 상황 등도
완전히 다르기 때문입니다.

그래서 예를 들면,
당신과 유사한 업무를 수행하며
비슷한 성과를 창출해낸
다른 팀 동료(당신과 연차가 비슷한)의 평가등급이
당신보다 한참 낮을 수도 있습니다.

그리고 승진의 속도도
당신보다 한참 늦을 수도 있습니다.

그러니 굳이
자신과 동료들을 동일 선상에서 비교하며
상대적 희열(喜悅)이나 박탈감(剝奪感)을
느낄 필요가 없다는 것입니다.

직장생활은 생각보다 장기전(長期戰, Long war)이고
사람마다 전성기(全盛期, Heyday)도 다릅니다.

오늘 늦었다고 내일도 늦는 것은 아닙니다.

누구는 사원 때부터 능력을 인정받고 승승장구하다가
리더(팀장이나 임원)가 돼서 좌천(左遷, Demotion)되기도 하고,
다른 누구는 사원 때부터 바보 취급을 받다가
팀장 때부터 실력을 인정받아
빠르게 임원이 되기도 합니다.

33. 자기 평가에 너무 박해서는 안 된다.

회사에서는 자기 스스로를
너무 박(薄, 야박하게, 보잘것없이, Small)하게 평가해서는 안 됩니다.

왜냐하면,
대부분의 사람들이
스스로를 100점(또는 최고 등급 = 1등급 = Outstanding 등)이라고
평가하기 때문입니다.

그래서 혼자만,
겸손한 마음으로,
자신을 70점이라고 평가해서는 절대 안 됩니다.

과거였다면
훌륭한 선배들이 '겸손하다'고 더 챙겨줬겠지만
지금은 그런 세상이 아닙니다.

요즘 팀장님들은
오히려 자기의 고민을 덜어줬다며
그냥 그렇게 확정해버릴 가능성이 높습니다.

34. 반보(半步)만 앞서가야 한다.

조직에서는 너무 눈에 띄면 좋지 않습니다.

너무 두드러지게 일을 잘해도
문제가 될 수 있다는 의미입니다.

다소 상식적이지 않지만 회사라는 곳은 그런 곳입니다.

그래서 회사에서는 늘 좌우도 살피고 걸어야 합니다.

그리고 남들과 같은 속도로 걷거나
너무 답답하면 반 보 정도만 앞서 가시면 됩니다.

왜냐하면,
일반적으로, 오(伍)와 열(列)을 중요하게 생각하는 조직에서는
너무 삐져나오면 '제거'될 수도 있기 때문입니다.

그러나, 일정 기간 이후,
이직을 할 계획이라면
이런 눈치를 볼 필요는 줄어들 것입니다.

35. 업무능력은 성적 순이 아니다. ────

회사는 필기시험만으로 직원들의 능력을 평가하지 않습니다.
사실 그런 손쉬운 평가방식은 학교에서나 하는 것입니다.

회사에서는 인별(人別)로 평가를 실시하고
그 결과(평가등급)를 그 사람의 능력이나 가치라고 해석합니다.

좀 더 구체적으로 말씀드리면,
일반적으로, 회사에서의 평가(評價, Performance Measurement)란
직위, 직급, 직책, 연차, 직무, 역량 등이 서로 다른 사람들이
각자 연초에 목표를 수립하고
일 년간 이를 얼마나 달성했는지를 측정하는 것입니다.

그리고 여기에는
상사나 동료들의 정성평가도 가미(加味, Add)됩니다.

물론 이를 공정하지 않다고 비판하는 분들도 있지만
그래도 학교처럼 쉽게, 획일적(시험 점수)으로
사람을 평가하지는 않습니다.

사실 우수한 인재인지 여부는
시험 점수만으로 결정되는 것이 아니기 때문입니다.

36. 무임승차자들이 생각보다 많다.

오히려 최근에는
과거보다
무임승차자(無賃乘車者, Free Rider)들이 더 많은 듯합니다.

왜냐하면, 지금은
조직(팀이나 부서 등)에서 열외(列外)된
선배님들도
통제 불가능한 낙하산(신입이든 경력이든)들도
회사에 적응하기 전에 방치된 신입들도 많기 때문입니다.

선후배 간의 신뢰가 존재했던 시절에는
그래도 상황이 이렇지는 않았습니다만,
지금은 여러 이유들[7]로
무임승차자들이 양산(量産, 대량 생산)되고 있습니다.

물론, 그래서
팀워크와 시너지가 사라지고
조직문화가 엉망이 된 회사들이 생각보다 많답니다.

---

[7] 중심을 잃은 노동법, 어용 노조, 부도덕한 경영진, 극단적인 개인 이기주의의 확산 등

37. 과거는 의미 없다.

회사가 잔인한 이유 중 하나는
과거의 성과(成果, Performance)가
적립(積立, Accumulation)되지 않는다는 것입니다.

그래서 바로 '어제'
대단한 성과를 만들어냈더라도
'오늘' 성과를 만들어 내지 못하면
제거(除去, 좌천, 강격, 해고 등) 대상이 될 수도 있습니다.

그래서 매일매일
정신 차리고 일을 해야 합니다.

그렇지 않으면
이내 루저(Loser)나 백수가 될 수도 있기 때문입니다.

참고로, 이런 잔인한 방식이 잘 적용된 회사(또는 조직)가
그렇지 않은 회사(또는 조직)보다
잘나가는 경우가 더 많은 듯합니다.

38. 영원한 권력은 없다.

많은 회사에서 근무했지만
호가호위(狐假虎威, 남의 권세를 빌려 까부는 짓)하는 사람들은
어디에나, 예외 없이, 존재합니다.

예를 들면,
신임 사장과 함께 회사에 입성한
종자(從者, Follower)들이 특히 그렇습니다.

그들은 마치 전쟁에서 승리한 후
점령지를 순시(巡視)하는 장군들같이
회사의 이곳 저곳을 당차게 쏘다니며 참견을 해댑니다.

그런 자들의 말로(末路)가 어떻게 된다는
역사적 교훈이
수 없이 축적(蓄積)됐음에도 불구하고
아직까지 이런 자들은 어디에서나 볼 수 있습니다.

어리석고 지능이 낮은 자들은
자신이 따르는 권력이 영원할 거라고 착각합니다.

길어야 2~3년 밖에 안 되는 것을…

39. 회사의 자산은 절대 내 것이 아니다. ————

회사의 자산(資産, Property, Asset)은
반드시 당신의 자산과 분리돼야 합니다.

겉보기에는 버려진 것 같은 물건이더라도
절대 그것을 당신의 주머니 속에 넣어서는 안 됩니다.

왜냐하면,
어렵게 쌓아 올린 커리어(Career)와 평판(Reputation)이
단돈 몇 푼 때문에
한 순간에
수포(水泡, 공들인 일이 헛되게 된 상태)로 돌아갈 수도 있기 때문입니다.

그리고 회사의 이메일, 메신저, 전화, 법인카드 등도
절대 사적(개인적)인 용도로 사용해서는 안 됩니다.

왜냐하면,
회사에서 제공한 모든 것들은
회사가 마음만 먹으면 언제든지
모든 사용 내역을
합법적(合法的)으로
모니터링(조사, 검사, 감사 등)할 수 있기 때문입니다.

마지막으로
당신이 회사에서 만들어낸 성과물들도
절대 당신 것이 아닙니다.

당신이 만든 것이기때문에
당신이 마음대로 할 수 있다고 생각해서는 절대 안 됩니다.

그래서
만약 퇴사할 때
당신이 만든 모든 파일들을 삭제해버린다면
'인생은 실전이다'라는 말의 의미를
몇 년간 뼈저리게 느끼게 될 수도 있을 것입니다.

This page intentionally left blank.

This page intentionally left blank.

제3장

이직(移職)도 전략적으로
해야 한다.

"당신의 가치를 높일 수 있는
가장 확실한 방법은 이직(移職)뿐이다."

제3장   이직(移職)도 전략적으로 해야 한다.

과거 회사가 모든 조직원들에게 평생직장(平生職場)이 돼 주던 시절이 있었습니다. 그때는 선배들이 후배들을 책임지고 기초부터 하나씩 가르치며 성장시켰습니다. 그리고 밥과 술도 사주고 가끔 차비와 용돈도 쥐여 줬습니다. 그래서 그런지 후배들도 그런 선배들을 기꺼이 믿고 따랐습니다.

그러나 세상이 변했습니다. 이제는 단순히 선배(또는 나이가 많다)라는 이유만으로 회사로부터 비참하게 버려지는 일들이 일상(日常, 매일 반복되는 보통의 일)이 됐습니다. 그리고 후배들도 이를 아주 당연하게 받아들이게 됐습니다. 그래야 자신들도 성장할 수 있다고 생각하기 때문입니다.

그래서 선배들이 이제 더 이상 자신들이 체득(體得, 몸소 경험하여 알아내거나 이해함, Learn from experience)했던 소중한 지식과 노하우(Knowhow)들을 후배들에게 알려주지 않게 됐습니다. 그리고 회사에 올인(All In)하지도 않게 됐습니다. 왜냐하면, 공(功, 애, 노력이나 수고)을 들여도, 희생을 해도 언젠가는 기회주의자들에게 무시(無視, 사람을 깔보거나 업신여김, Ignore)

당하며 제거될 것이 자명(自明)하기 때문입니다.

그래서 이제는 성장하려면, 모든 것을 처음부터 직접 체득(體得, Learn by experience)해야 합니다. 앞에서 언급했듯이 선배들이 끌어주던 시대가 막을 내렸기 때문입니다. 즉, 선배들이 '과거부터 세대(世代)를 이어 축적돼 온 소중한 지식과 노하우들'을 전수(傳受)받고, 이를 더 발전시킨 후, 다시 후배들에게 물려주던 미풍양속(美風良俗, 아름답고 좋은 풍속이나 기풍)이 이제 완전히 사라져버렸기 때문입니다.

그래서 이제는 이직에 대해서도 좀 더 전략적(戰略的, Strategic)으로 접근해야 할 것입니다. 왜냐하면, 한 회사에서만 배우는 것은 분명 한계(限界, Limitation)가 있기 때문입니다.

실제로 요새는 평생직장의 개념이 아직 남아 있는 회사에서도, 인재(人材)를 판단하는 기준(인재관, 人材觀, 인재가 마땅히 갖추어야 할 자격이나 조건 등에 대한 견해나 입장)이 변하고 있다고 합니다. 예를 들면, 과거에는 '한 회사에서 오랫동안 근무한 분'을 우수한 인재로 평가했다면, 요즘에는 그런 분을 '시장성(市場性, Marketability)이 낮고 식견(識見, 보고 듣거나 배워서 얻은 지식과 견문)이 좁은 사람'이라고 평가한다는 것입니다.

물론, 이게 대세(大勢, General trend)는 아니겠지만, 그래도 이렇게 변화하고 있는 시장의 패러다임(Paradigm) 속에서 이직을 너무 보수적으로만 바라보지는 않았으면 합니다.

01. 왜 이직을 해야만 하는가?

회사에 신입 사원으로 입사해
아무리 열심히 일을 해도,
일반적으로, 비슷한 연차의 경력직 입사자(이하 경력자와 혼용)보다
보상(연봉, 직위 등) 수준이 더 높을 수는 없습니다.

왜냐하면,
그게 시장의 시스템(또는 체계나 관행)이기 때문입니다.

그래서 아무리 실력이나 평판(評判, Reputation)이
형편없는 사람이라도
일단 이직에 성공하면
그렇지 않은 사람들보다
더 높은 자리(Position, 직위나 직책 등)에 올라
더 많은 보상을 받게 됩니다.

그리고 이와 더불어 그 '높은' 자리에서
더 많은 일을 경험하며 시야(視野, View)도 넓히고
리더십까지 향상시킬 수 있는 기회도 얻게 됩니다.

그리고 그 결과 그들은 그렇지 않은 사람들보다
더 빨리 리더(팀장이나 임원) 자리를 차지하게 됩니다.

그러나 한 회사에서 계속 근무한 사람들은
늘 그런 사람들에 치여 스트레스를 받거나,
아니면, 그런 사람들 밑에서
허드렛일, 삽질, 그리고 널뛰기를 해야 합니다.

'나중에 문제가 된다'는 것이 뻔히 보임에도
시키는 대로 일을 해야 합니다.

조직이 그걸 원하기 때문입니다.

물론 뒷수습은 언제나 기존 직원들의 몫이 됩니다.

적반하장(賊反荷杖, 도둑이 도리어 매를 든다)으로,
"그때 왜 말리지 않았냐"며
책임을 덮어 씌우지나 않으면 다행일 수도 있습니다.

그런데 이런 일을 벌인 사람들은
책임을 지기는커녕
이번 실패를 경험 삼아
더 좋은 회사로 이직하는 경우가 많습니다.

어처구니없지만, 이런 상황은
지금 이 순간에도 수없이 반복되고 있답니다.

02. 현재 회사에 늘 감사하라.

이직을 준비하기로 결심했다면
현재 회사에 대한 불평(不平, Gripe, Grumble)은
멈추는 것이 좋습니다.

왜냐하면,
그런 부정적인 기운은
얼굴(관상, 觀相)이나 말투에 그대로 새겨지기 때문입니다.

그래서 이제부터라도
'현재 회사는 정말 감사한 곳이다'로
생각을 바꿔보시기 바랍니다.

물론, 쉽지는 않겠지만…

그런데… 사실… 생각해보면,
현재 근무 중인 회사는
당신에게 진심으로 고마운 곳일 수도 있습니다.

왜냐하면,
우선, 현재 회사는
별 볼 일 없던 당신에게 일할 기회를 주고,

대단하지는 않지만 그래도
커리어(Career, 경력, 經歷)라는 것을
쌓게 해준 곳이기 때문입니다.

그리고 공부는 더 이상 하고 싶지 않았던 당신에게
'더 배우고 싶다'는 열정을 갖게 해준 곳이며,
'당신이 참 어이없는 실수를 많이 한다는 것'도
깨닫게 해준 곳이기 때문입니다.

더불어 평소에는 관심이 없었던
다양한 음식들도 맛볼 수 있게 해주고,
주도(酒道, Drinking Manner)는 물론
술이 쓴 날도, 단 날도 있다는 것을
알려준 곳이기 때문입니다.

그리고 부모님 세대의 선배님들과
같이 일해볼 수 있는 기회를 만들어 준 곳이며,
영화나 드라마에서나 나올 법한 악당(Villein, 빌런)들을
직접 경험할 수 있게 해준 곳이기 때문입니다.

게다가 보고업무(보고서나 기획서를 작성하고 보고하는 업무)가
얼마나 힘든 일이라는 것을 깨닫게 해준 곳이고,
사람을 갈궈서 죽일 수도 있다는 것도
알게 해준 곳이기 때문입니다.

물론, 그래서 웬만한 갈굼과 욕설 정도는
가볍게 넘길 수 있는 맷집을 길러준 곳이며
돈 버는 게 정말 어렵다는 것도
알려준 곳이기 때문입니다.

여기에 옳고 그름을 판단할 수 있는
객관적 시각을 갖게 해준 곳이며
직장생활을 오래하면 안 된다는
깨달음도 얻게 해준 곳이기 때문입니다.

그리고 마이너(Minor, 작은)하지만,
사회생활에 필요한 예절(인사, 전화 등)과
복사기나 팩스를 사용법도 알려 주고
한 사람 몫을 다하지 못해도
제때 월급을 입금해 준 곳이기 때문입니다.

그리고 마지막으로,
평생 사회생활을 하셨던 부모님이
얼마나 대단한 분인지도
깨닫게 해준 곳이기 때문입니다.
...

힘은 좀 들었지만
정말 많은 것을 배울 수 있었던 곳이었기 때문입니다.

03. 이직은 타이밍이 중요하다. ─────────

이직의 효과를 극대화하려면
이직의 타이밍(Timing, 시기나 시점)을 잘 맞춰야 합니다.

구체적으로, 이직의 타이밍을 잘 맞춘다는 것은
이직하려는 회사(목표 회사)에
자신(현재 대리)이 타깃으로 정한 직위(예를 들면, 과장)의
승진연한(昇進年限, 승진에 필요한 근무기간)보다
조금 부족한 연차(약 1~2년 정도)에 이직하며,
동시에, 직위(과장으로) 승진(昇進, Promotion)을 하는 것입니다.

예를 들면,
과장이 되는데 필요한 근무기간(승진연한)이 10년인 회사로
이직하고 싶다면
현재 근무 중인 회사에서
10년의 경력을 꼬박 채운 후
이직을 시도하기보다는
8년 차부터 부지런히
이직의 기회를 타진해보는 것이 좋습니다.

그래야 9년 차(경력이 만 8년 이상 9년 미만)나 10년 차에라도
이직에 성공하게 될 것이기 때문입니다.

참고로, 이직을 하려면
규정(또는 관행)상 승진연한보다
최소 1년은 단축하는 것이 좋습니다.

이직의 리스크가 존재하기 때문입니다.

그리고 직위 승진이 되지 않는 이직은
일반적으로 고려하지 않는 것이 좋습니다.[8]

그 이유는 뒤에 다시 말씀드리겠습니다.

참고로
직위, 직급, 직책, 직함의 차이를 정확하게 이해하시려면
아래에 링크된 글을 참고하시기 바랍니다.

---

[8] 물론, 소기업에서 대기업으로 이직하거나 직무를 변경하는 이직 등은 예외

04. 모든 일에는 명분이 필요하다. ─────────

일상생활은 물론 사회생활에서도
명분(名分, Cause or Justification)은 매우 중요합니다.

그래서 누구든
명분이 부족한 일을 할 경우에는
한순간에 지탄(指彈, Blame)의 대상이
될 수도 있습니다.

그래서 가능하면 퇴사하기 전에
이직의 명분을
충분히 쌓아 놓는 것이 좋습니다.

누가 봐도
"아~ 저 사람은
정말 나갈만했구나"라는 말을
들을 수 있을 때까지…

그리고 만약을 위해
그 명분의 근거(이메일, 문자, 메신저, 녹음 파일 등)들은
반드시 남겨두시기 바랍니다.

05. 인정받고 있을 때 이직하라?

물론, 쉽지는 않겠지만
이왕이면, 힘들 때보다
인정받고 있을 때 이직하는 것이 훨씬 더 좋습니다.

그러면 "아~ OO 氏(씨)는 다른 회사들이 스카우트할 만하죠."
"좋은 인재였는데 아깝네…"라는 말을 듣게 됩니다.

그리고 이런 여운을 남기면
나중에 리더급(팀장 이상의 레벨)으로
컴백(Comeback, 재입사)하기도 쉬워집니다.

그러나 힘들 때
회사를 나가게 되면
자칫 "OO 氏는 못 버티고 나간 사람인데요."
"그분 도망갔어요."라는
말(평판, Reputation)을 듣게 될 가능성이 높습니다.

그리고 이런 일이 한두 번 더 반복된다면
앞으로 계속 그런 평판으로 살아가야 할 수도 있을 것입니다.

06. 장기적 평판관리가 중요하다. ─────────

경력직은 평판(評判, Reputation)이 정말 중요합니다.
평판으로 이직의 성부(成否, 일이 되고 안되는 것)가
결정될 가능성이 높기 때문입니다.

일반적으로, 평판은 크게
'업무(업무능력, 성과 등)에 관한 것'과
'인성(사회적 인성[9])에 관한 것'으로 구분됩니다.

그런데 이 두 가지 평판 모두
단기간에 인위적으로 만들 수 있는 것이 아닙니다.

그래서 이직을 하려면
커리어를 길게 보고
미리미리 평판관리에 공(功)을 들여야 합니다.

그리고 만약, 그렇게 하신다면
이직의 기회를 포착하는 것은 물론
기존 조직에서도 더 인정받는 존재가 될 것입니다.

─────────────

[9] 이는 우리가 일반적인 일컫는 사전상의 인성과는 조금 다른 '사회(또는 조직)생활'에
초점이 맞춰진 인성을 의미합니다.

07. 누울 자리를 보고 발을 뻗어라.

아무런 준비나 대책도 없이
감정적이고 즉흥적으로
사직서를 던지면 절대 안 됩니다.

왜냐하면,
일반적으로 경력직의 경우에는
평판조회를 꼼꼼하게 진행하기 때문입니다.

그런데 만약 평판조회를 통해
감정적(또는 격정적)으로 회사를 그만둔 것이 확인될 경우
구직활동이 장기화될 가능성이 높습니다.

그리고 이런 경우에는
퇴사 후 구직기간의 장단(長短)에 따라
연봉(年俸, Annual Salary) 산정 시
예상치 못한 불이익을 받을 가능성도 높습니다.

그러니 이직을 하려면
반드시 이직할 곳을 정한(근로계약서 작성) 후
사직서를 던지시기 바랍니다.

08. 특히, 윗분들과 친해져라.

이직 가능성을 더 높이려면
선배님(특히 팀장급 이상의 리더)들과 친(親)해져야 합니다.

경력직으로 이직하는 방법 중
가장 쉬운 방법이
'소개(특히 선배들의 소개)로 이직하는 것'이기 때문입니다.

이렇게 말씀드리면
모두 '어떻게 친해져야 하는지' 되물어봅니다.

친해지는 방법은 정말 다양합니다.

예를 들면,
같이 술을 마시고
노래방에서 탬버린도 흔들어 주고
같이 필드에 나갈 수도 있을 것입니다.

그런데 요즘은
굳이 이렇게까지 공(功, 노력, 수고, 애)을 안 들여도
윗분들과 친하게 지낼 수 있는
아주 간단한 방법이 있답니다.

그것은 바로

'인사(人事, Greeting, 마주 대하거나 헤어질 때 표하는 예)'입니다.

사실 요즘은 윗분들께 아침 저녁으로

인사만 공손(恭遜, Politeness)하게 해도 충분히 친해질 수 있답니다.

왜냐하면,

요즘은 다행스럽게도, 인사를

제대로 하는 사람들이 별로 없기 때문입니다.

선배 입장에서는

자신에게 예의 바르게 인사해주는

후배를 예쁘고 고맙게 바라볼 수밖에 없습니다.

그래서 좋은 기회라도 생기게 되면

이런 후배들에게 먼저 기회를 주려고 노력하게 됩니다.

이런 후배들이라면

업무능력이 좀 부족하더라도

최소한 소개해준 사람이

크게 욕 먹을 일은 없을 것이기 때문입니다.

09. 분야를 바꾸는 이직은 손해다?

일반적으로 산업(産業, Industry, 예를 들면 자동차에서 화장품으로)이나
직무(職務, Task, 예를 들면, 회계나 마케팅에서 HR로)를 변경해서
이직하는 경우에는 손해를 보게 될 가능성이 높습니다.[10]

그래서 분야를 바꿔 이직(일명 전직)을 할 때에는
어느 정도 마음의 준비를 하는 것이 좋습니다.

그러나 이런 이직이
언제나 손해가 되는 것은 아닙니다.

왜냐하면,
상황에 따라 이런 인재를 찾는 분들도 있기 때문입니다.
레어템(Rare Item, 희귀한 아이템)처럼…

참고로, 손해라는 것은
연봉이나 직위, 호봉, 직급 등이
그대로 유지되는 '수평이동(水平移動)'이나
오히려 현재 보다 하락하는
'감가(減價, Depreciation)이동'을 의미합니다.

---

[10] 물론, 특수한 직무나 고위직 등의 예외적인 경우도 있음

10. 업무전문성은 있어야 한다. ─────

일반적으로 경력직을 채용할 때에는
'스펙(Spec, Specification)'보다는
담당 직무에 대한 '실무 전문성(實務專門性)'을
훨씬 더 중요하게 고려합니다.

경력직의 '실무 전문성'이라는 것은
'단순한 반복 업무'의 수준을 넘어서는 것을 의미하며,
이에 더해 남들과 다른 차별화된 요소가 가미(加味)돼 있다면
훨씬 더 높은 가치를 인정받게 될 가능성이 높습니다.

물론, 직위가 낮다면
이에 대한 요구가 크지 않겠지만
직위가 높다면 이에 대한 요구나 기대는
당연히 커질 수밖에 없을 것입니다.

왜냐하면,
리더(팀장 이상급)들은
자신의 한계(限界)를 메꿔주고
자신의 능력을 더 돋보이게 만들어줄
차별화된 실무 전문가를
늘 필요로 하기 때문입니다.

11. Presentation을 생활화하라. ───────

프레젠테이션(Presentation, PT) 스킬(Skill, 기량)은,
이직 여부를 떠나,
사회생활 전반에 걸쳐 요구되는
상당히 중요한 실무 역량(實務力量) 중 하나입니다.

그러나 실무에서
이 역량을 제대로 갖춘 사람은 생각보다 많지 않습니다.

왜냐하면,
시장에서 통하는 PT 스킬을 습득하는 데는
생각보다 많은 연습(주로 상사들 앞에서)과
충분한 시행착오(부끄러울 만한)가
필요하기 때문입니다.

그러니 지금부터라도 두려워하지 말고
기회가 되는 대로, 적극적으로
PT 스킬을 연마(練磨, Polish)하시기 바랍니다.

그러면 남들보다 더 빨리
강력한 무기를 얻게 될 것입니다.

12. 꾸준하게 이직활동을 전개하라.

이직활동(= 경력직의 구직활동)은
수시(隨時)로 꾸준하게 전개해야 합니다.

왜냐하면,
기업의 경력직 채용 활동이
대부분 정기적이지 않기 때문입니다.

그래서 이력서를
주기적으로(또는 이벤트가 있을 때마다) 업데이트해서
서치펌(Search Firm or Headhunter)에 제출하고
매력적인 온라인 구인 공고에도
꾸준하게 지원해 보시기 바랍니다.

그래서 '그들이 무엇을 원하는지',
'자신에게 부족한 게 무엇인지'를
한번 구체화해 보시기 바랍니다.

물론, 이런 활동은 반드시
비밀스럽게 추진하셔야 합니다.

13. 이력서도 보고서처럼 작성하라.

이직을 계획 중이라면
이력서를 소홀(疏忽)하게 작성해서는 안 됩니다.

물론 모두 다 잘 알고 계시겠지만
혹시나 하는 마음에
경력직 이력서 작성 시
주의해야 할 사항 몇 가지를 공유해 드립니다.

우선, ①이력서의 맨 앞에는
반드시 '요약(要約, Summary)' 부분이 있어야 합니다.

왜냐하면,
경력직의 이력서는 ㉮대부분 페이지 수가 많고
동시에 이를 ㉯여러 다양한 사람들[11]이 검토하기 때문입니다.

그래서 해당 업무를 잘 모르는 사람이라도
요약 부분을 보고
당신이 어떤 사람인지를
한눈에 알 수 있게 도와주셔야 합니다.

---

11 예를 들면, HR(현업 실무를 잘 모를 수 있음), 담당 및 관련 임원, C-Level Officers

요약의 형식은
현업 리더(팀장급 이상)들의 눈에 익숙한
보고서식(e.g., 단어, 표현, 불릿 포인트 활용 등)으로
작성하시는 것이 좋습니다.

참고로, 이것은
보고서나 기획서의 맨 앞에 추가되는
'Executive Summary'와
유사한 기능을 하는 것입니다.

그리고 경력을 작성하실 때
②너무 과장(誇張)해서는 안 됩니다.

언젠가는 들통이 날 것이기 때문입니다.

면접 시나 수습기간 이후에 들통나면
그나마 다행(?)이겠지만
수습(프로베이션, Probation)기간에 들통나면
문제가 좀 심각해질 수도 있습니다.

그렇다고 이력서를
너무 곧이곧대로(조금도 꾸밈이나 거짓이 없이 있는 그대로)
작성할 필요는 없습니다.

왜냐하면,
대부분의 사람들이
약간의 양념(속칭 MSG)은 치기 때문입니다.

그래서 예를 들면,
신입 때 일을 배우기 위해 참여한 'OO 프로젝트'에서
회의자료 복사, 인터넷 자료 검색, 회의 장소 예약,
그리고 커피나 간식을 사 오는 등의 허드렛일을 했어도
'OO 프로젝트 참여(자료 조사 등 업무지원)'로
작성하시는 것이 좋습니다.

그리고 마지막으로,
③오타나 맞춤법에 어긋난 표현들은
없는 것이 훨씬 더 좋습니다.

이건 사실 기본 중에 기본입니다.
오타나 맞춤법에 어긋난 표현들이 많다면
면접의 기회조차도 얻지 못할 가능성이 높습니다.

14. 경력직 인터뷰는 좀 다르다. ─────────

경력직 인터뷰(Interview, 면접)는
신입 인터뷰와는 좀 다른 마음가짐으로 임해야 합니다.

예를 들면,
경력직 입사 인터뷰를
'업계(또는 인생)의 선배님들께 인사를 드리는 자리'
정도로 정의해보는 것도 좋습니다.

물론, 우리나라는 시장이 매우 좁기 때문에
언제나 예의는 잘 갖추시기 바랍니다.

그리고 이때
'이 회사에 반드시, 기필코 입사해야 한다'라는
감정은 버리시는 것이 더 좋습니다.

왜냐하면,
이런 감정은 자신감을 더해주기보다는
실수(失手)의 원인이 될 가능성이 높기 때문입니다.

일반적으로 사람의 능력은
'부담 없이 유연할 때' 최고가 됩니다.

그래서 기회가 된다면
인터뷰도 많이 해봐야 합니다.

그래야 여유와 노하우가 생기기 때문입니다.

그리고 이런 면접들을 통해,
예상하지도 못한,
새로운 인연을 만나게 될 수도 있기 때문입니다.

예를 들면,
해당 면접에서는 고배(苦杯, 마음이 괴롭고 쓰라린 경험)를 마셨으나
나중에 다른 기회로
연락을 주는 회사도 있기 때문입니다.

물론, 이런 경우에는
이직에 성공하게 될 가능성이 매우 높을 것입니다.

15. 자기소개도 보고처럼

경력직 입사면접의 경우
자기소개를 생략하는 회사들도 있습니다만
그래도 만약을 위해,
'30초'와 '1분' 정도 분량의 자기소개를
준비하시는 것이 좋습니다.

그래서 자기소개는
막힘없이 자연스럽게 할 수 있어야 합니다.

왜냐하면,
자기소개를 버벅거리는 사람은
준비가 덜 됐다는 느낌을 주기 때문입니다.

그래서 미리 스크립트(Script, 대본)를 준비하고
충분히 연습한 후 면접에 임하는 것이 좋습니다.

연습 방법은 간단합니다.
거울 앞에 앉아, 자신을 바라보며,
자기소개를 하다
말이 막히면
처음부터 다시 하는 것입니다.

그리고 이를 자연스러워질 때까지
무한 반복하면 됩니다.

자기소개는
신입으로 입사할 때처럼 경직된 자세나 목소리 보다는
윗분들에게 좌식 대면 보고를 하는 것처럼
자연스럽게 말씀하시는 것이 좋습니다.

그리고 이게 좀 자연스러워지면
이후 시선 처리를 연습해야 합니다.

시선 처리는
중앙의 면접관을 중심으로
좌우의 면접관들을
순차적으로 바라볼 수 있게 연습하셔야 합니다.

그러면 면접관이 몇 분이 계시든
시선 처리에 큰 어려움을 느끼지 않을 것입니다.

물론, 이런 스킬들은
인터뷰를 여러 번 해봐야 늘게 됩니다.

그래서 기회가 될 때마다
인터뷰를 해보시는 것이 좋습니다.

16. 불합격했다고 무능한 것은 아니다.

일반적으로 경력직을 채용할 경우에는
스펙(Spec)보다는
'평판(실무능력 포함)'을 좀 더 중요하게 생각합니다.

그리고 이것만큼 중요하게 생각하는 다른 하나가
바로 '기존 팀원들과의 궁합(Well-suited or Well-matched)'입니다.

회사는 조직원이 한 명 더 충원될 경우
당연히 시너지효과[12]가 창출될 것이라고 기대합니다.

예를 들면,
현재 10명으로 구성된 팀에
1명을 더 충원할 경우,
회사는 당연히,
11명을 초과(10 + 1 > 11)하는 성과를 기대한다는 것입니다.

그런데 이 기대와 달리
시너지효과가 발생하지 않거나(10 + 1 = 11)
오히려 역시너지(Negative Synergy, 10 + 1 < 11)효과가 발생한다면,

---

[12] Synergy Effect, Synergistic Effect, 상승효과(相乘效果)

해당 팀장은 여러모로
난처한 상황에 처하게 될 것입니다.

그래서 정상적인 리더라면,
다른 조건들이 우수한 사람보다는,
기존 팀원들과 함께
시너지효과를 만들어 낼 수 있는 사람을 채용할 것입니다.

그래서 예를 들면,
팀장(부장)과 사원급(9명)으로 구성된 팀이라면
팀장은
'사원'이나 '대리'보다는
'과장'이나 '차장'을 채용할 가능성이 높습니다.

왜냐하면,
일반적으로 그게
팀에 훨씬 더 도움이 되는 선택이기 때문입니다.

17. 차선이 최선이 될 때가 많다.

이직을 준비할 때에는
'모 아니면 도(All or Nothing)'라는 식(式)의
경직된 사고방식(思考方式, Way of thinking)은 버리셔야 합니다.

'그 회사가 아니면 안 된다'나
'그 팀이 아니면 가고 싶지 않다' 등의
경직된 생각이나 태도는
자칫 앞으로 당신에게 다가올 좋은 기회들까지
사전에 차단해버리는 결과를
초래할 수도 있기 때문입니다.

주변을 둘러보면,
처음에는 차선(次善, Second Best or Alternative)이었던 것이
결국 최선(最善, Best)이 되는 경우가 아주 많습니다.

그래서 이직은…
좀 융통성 있게 접근하셨으면 합니다.

어디에서 인생 역전의 기회가 찾아올지 모릅니다.

그러니 계획에 없던 곳(회사, 조직 등)이라도

인터뷰할 기회가 주어진다면
우선 직접 가서 인터뷰도 하시고
어떤 회사인지도 알아보시기 바랍니다.

그러면 최소한
인터뷰 스킬이라도 향상시킬 수 있을 것입니다.

그리고 가끔은 기대하지도 않았던
네트워크 빌딩(Building, 개발, 발굴)도 할 수 있을 것입니다.

18. 빈말이라도 퇴사라는 말은 꺼내지 마라.

평소에 의미 없이 던지는 '빈말'이라도,
술자리에서 하는 '농담'이라도
'회사를 그만둔다'는 말은 하지 않길 바랍니다.

이런 말은 일사천리(一瀉千里)로 확산되는 것은 물론
확대 해석될 가능성도 높기 때문입니다.

겉으로 표현은 안 하시겠지만
이 말을 전해 들은 팀장은
당연히 대안을 고민할 수밖에 없습니다.

왜냐하면,
팀원이 퇴사할 경우
회사는 당연히 팀장의 리더십을 의심할 것이기 때문입니다.

그래서 팀장은, 생존하기 위해,
미리미리 조치를 취하기 시작할 것입니다.

그래야 그 팀원이 퇴사하더라도
'업무에 전혀 지장이 없다'고 보고할 수 있기 때문입니다.

19. 근로계약서 사인 전까지는 함구하라. ────────

이직 인터뷰(면접)에 합격했다는 통보를 받게 되더라도
근로계약서에 사인(Sign, 서명)을 하기 전까지는
현재 근무 중인 회사에
절대 퇴직 의사를 밝혀서는 안 됩니다.

왜냐하면,
근로계약서에 사인을 하기 전까지는
채용이 확정(근로계약의 체결)된 것이 아니기 때문입니다.

즉, 합격 통보를 했던 회사가
근로계약서 사인 직전에
채용 의사를 번복(翻覆, 철회 포함)하거나,
기대에 미치지 못하는 오퍼(Offer, 제안, 연봉·직위 등 채용조건)를
할 수도 있기 때문입니다.

그래서, 이왕이면 근로계약서에 사인을 한 이후에
현재 회사의 팀장과 동료들에게
퇴직 의사를 밝혀야 합니다.

그렇지 않으면
자칫 큰 낭패(狼狽, Trouble)를 볼 수도 있기 때문입니다.

20. 퇴사 통보는 한 달 전에

새로운 회사와 근로계약서를 작성하고
출근 예정일이 확정되면,
그 날로부터 최소 한 달 전에
현재 재직 중인 회사에 사직 의사를 통보(One month notice,
주로 팀장님께 사직 의사를 말씀드리고 사직서 제출)해야 합니다.

사직의 의사표시는 통보한 후
한 달이 지나면 기존의 근로계약은 자동으로 해지됩니다.

그러나 만약
사직서 제출 후, 한 달이 되기 전에
회사가 사직서를 수리(受理, Accept)해주지 않는다는 이유로
출근을 하지 않게 되면
무단결근으로 징계를 받거나
손해배상책임을 부담해야 할 수도 있습니다.

그리고 만약
'한 달 전 통보'가 여의치 않다면
팀장님과 동료분들에게
미리미리 충분한 양해(諒解, Understanding)와 협조를
구(求)해야 할 것입니다.

21. 퇴사 통보는 대면으로

같이 일했던 상사나 인사팀에게
사직(辭職) 의사를 비대면(카톡이나 이메일 등)으로 통보했다면
평판조회(評判照會, Reputation check)를 좋게 해줄 것이라고
기대해서는 안 됩니다.

상사나 인사팀이 아무리 불편해도,
급여 연체(給與延滯) 등의 불미스러운 이슈로
법적 절차를 진행하는 중이 아니라면,
퇴사 통보(당연히 근로계약서 사인 이후)는
당연히 대면으로 하시는 것이 좋습니다.

물론, 혹시 모를 불상사(不祥事, Unfortunate event)에 대비해
대화 내용을 녹음하시는 것도 좋습니다.

그리고 이때
상사나 인사담당자가
이직할 회사의 상호나 팀 등을 물어보는 경우
마음에 내키지 않는다면
정중하게 "죄송합니다.
나중에 별도로 말씀드리겠습니다"라고
대처하시는 것도 나쁘지 않습니다.

22. Exit Interview도 중요하다.

Exit Interview(엑시트 인터뷰, 퇴사면담 또는 퇴직면담)는
주로 인사팀(HR Team)과 하는 것이나
이하에서는 퇴직 의사를 회사에 통보한 이후
하게 되는 '모든 퇴사 면담'으로 정의하고
이야기를 전개하겠습니다.

사실, Exit Interview를 할 때
가장 조심해야 할 점은
'회사나 동료(상사, 선배, 동기, 후배 모두)에 대해'
'부정적인 말을 하면 안 된다'는 것입니다.

물론, 이 정도의 상식은 누구나 다 알고 계실 것입니다.

그래서 적당히 준비한 좋은 말들로
인터뷰어(Interviewer, 주로 상사와 선배)들을 응대하다 보면
HR 담당자가 나타나
"왜 퇴사하는지 솔직하게 말해줘야
회사도 개선을 할 거 아닌가…"라며
'당신의 고통을 이미 다 알고 있고
당신이 무슨 말을 해도
진심으로 공감할 수 있다'는 듯한 표정을 지을 것입니다.

그러나 절대 여기에 넘어가시면 안 됩니다.

왜냐하면,
회사는 아주 무서운 조직이기 때문입니다.

조직에서 나가는 사람은
이유를 불문하고 '배신자'나 '나쁜 놈'이 될 수밖에 없습니다.

그래서 아무리 좋은 말을 하고 나와도
블레임(Blame, 비난)의 대상이 될 수밖에 없습니다.

예를 들면,
그래서 퇴사 후에 발생한 문제들도
퇴사자의 잘못(또는 고의)으로
뒤집어 씌우는 일이 그렇게 흔한 것입니다.

남아있는 사람들은
그렇게라도 살아남아야 하기 때문입니다.

이런 사실을 망각하고
HR 담당자의 말에 현혹(眩惑)되어
회사나 동료들에 대한
부정적인 피드백을 전달했다가는
상상하지도 못할 피해를 보게 될 수도 있습니다.

우리나라는 너무 좁습니다.
인생은 길고, 미래의 일은 아무도 알 수 없습니다.

그래서 이왕이면 적(敵, Enemy)을 만들지 말아야 합니다.

비즈니스는 비즈니스일 뿐입니다.
비즈니스를 하며 생긴 노여움들은
가능하면 그곳에서 프로답게 털어버리고 나와야 합니다.

그래서 '퇴사하겠다'는 의사표시를 한 이후에는
누구의 마음도 다치지 않게 조심해야 합니다.

참고로, 퇴사면담 시 활용할 수 있는
예시 화법이 담긴 글의 주소(QR Code)를 링크해드립니다.

여러분도 공유하고 싶은
좋은 화법을 가지고 계시다면 댓글로 남겨주세요.
그러면, 정기적으로 우수작을 선정해
커피 쿠폰 등을 보내 드리겠습니다.

23. 카운터 오퍼(Counteroffer)에 잘 대응해라.

퇴사하겠다는 의사를 밝혔을 때
회사가 '카운터 오퍼(Counteroffer)'를 할 수도 있습니다.

즉, 회사가 당신을 붙잡기 위해
현재보다 '더 나은 근무조건을 제안'하는 것입니다.

예를 들면, 급여를 인상해주거나
다가오는 인사 시즌에 승진을 약속하는 등의…

그러나 이럴 때에는
당신이 이직을 결심하게 된 배경과
이직을 통해 달성하려는 목적을 한번 더 되새겨
신중하고 현명하게 대처해야 합니다.

왜냐하면,
회사가 제공한 혜택을 받기 위해
퇴사 의사를 번복(飜覆, Change)했다가
동료들에게 밉상으로 낙인이 찍힐 수도 있기 때문입니다.

그리고 이직할 회사와 근로계약서를 작성한 경우에는
문제가 좀 더 복잡해질 수도 있기 때문입니다.

24. 연봉 vs. 승진

'①연봉을 많이 올려주겠다'는 회사와
'②승진을 시켜주겠다(그러나 급여 인상률은 크지 않은)'는 회사가
동시에 오퍼(Offer, 영입 제안)를 준 경우에는
일반적으로, 다른 조건들이 비슷하다면,
'②승진을 시켜주겠다'는 회사를 선택하는 것이 좀 더 안전합니다.

왜냐하면,
아무리 높은 급여를 받고 이직을 한다고 해도
①직위 승진이 없는 '수평이동'은…
실패할 가능성이 상당히 높기 때문입니다.

왜냐하면, 우선
경력직 입사자의 급여 수준이 높다는 정보[13]는
기존 직원들의 텃세나 왕따의
트리거(Trigger, 계기)가 될 가능성이 매우 높기 때문입니다.

그리고 물론, 이런 상황은
그런 경력직 입사자의 업무능력이
비슷한 연차의 기존 직원들보다 떨어질 경우

---

[13] 경로가 어떻든, 이런 정보는 대부분 유출이 됩니다.

더 심각해질 것입니다.

더불어 두 번째 이유는,
연봉을 상당히 올려 받고 입사한 타사(他社) 출신 경력자를
기존 직원들보다 먼저 승진시킬 팀장은
거의 없을 것이기 때문입니다.

리더는 언제나
형평(衡平, Balance, 한쪽으로 치우치지 않게 균형을 맞춤)을 고려해서
조직을 관리해야 합니다.

그래서 연봉을 많이 올려 받고 온 사람(굴러온 돌)에게
귀한 승진 TO(티오, 정원)[14]까지
할애(割愛, 선뜻 내어 줌)할 확률은 높지 않습니다.

왜냐하면,
정상적인 리더라면
비슷한 연차의 기존 직원을 승진시켜
조직원들 간의 보상 수준을
비슷하게 맞춰주려고
노력할 것이기 때문입니다.

---

[14] 원래 이 단어는 'Table of organization'의 약어로 '인원 편성표'나 '조직도' 등의
의미를 가지고 있으나 실무에서는 이를 '정원'의 의미로도 사용하고 있습니다.

그리고 그게
본인의 리더십(조직관리)이나 평판(특히 노조와의 관계)에
훨씬 더 도움이 될 것이기 때문입니다.

그래서 이직할 때,
'승진' 대신에 '연봉'을 선택한 분들은
이직 후 승진이 계속 밀리게 될 가능성이 높습니다.

그러나 만약,
'②승진을 시켜주겠다'는 회사를 선택했을 경우에는
이와는 좀 다른 혜택(惠澤, 이득, Benefits)을 누리게 됩니다.

우선, 식위 승진으로 이직한 경우
향후 몇 년간은
승진에 대한 스트레스로부터 벗어날 수 있게 될 것입니다.

그리고 급여도, 일반적으로
현재의 수준보다는 소폭이라도 상승하게 될 것입니다.

더불어 비슷한 연차의 동료들보다
더 높은 직위에서
더 많은 업무를 경험하며
더 넓은 뷰(View, 시야)도 얻게 될 것입니다.

그리고 물론, 이로 인해
그들 보다 좀 더 빨리 상위직(또는 직책)으로 승진하거나
좀 더 좋은 회사로 이직할 수 있는
기회도 얻게 될 것입니다.

간단하지만 위와 같은 이유들 때문에
제가 '승진을 선택하라'고 말씀드린 것입니다.

참고로, 한 가지만 더 말씀드리면
'연봉을 크게 올리는 것'보다
'승진하며 이직하기'가 실제로 좀 더 쉬울 수도 있습니다.

왜냐하면,
일반적으로 인건비는 회사의 '주요 KPI 항목'으로서
상당히 엄격하게(Tight)하게 관리되나
'직위(예를 들면, 직위별 T/O나 점유율 등)'는,
상대적으로, 그렇지 않기 때문입니다.

그래서 만약 당신이
이직할 회사의 상사에게
"급여는 상관없고 승진을 원합니다."
"저에게 이직의 명분을 만들어 주십시오."라고
명확하게 의사를 전달한다면
협상이 조금 더 수월하게 마무리될 수도 있을 것입니다.

25. 마무리가 중요하다.

'시작'만큼 '마무리'도 중요합니다.

왜냐하면,
마무리를 잘했다고 평판(評判, Reputation)이 크게 좋아지지는 않겠지만,
마무리를 잘 못한 경우(예를 들면, 마지막에 좋지 않게 나간 경우)
평판이 엉망이 될 수도 있기 때문입니다.

그래서 안 좋은 감정이나 기억이 좀 있더라도
커리어를 길게 보고, 마무리를 잘하시는 것이 좋습니다.

그리고 사직서를 제출(또는 사직을 결심)했더라도
퇴사일까지는 예전과 동일하게
열심히 일하시는 것이 좋습니다.

왜냐하면,
우리나라는 시장이 너무 좁기 때문입니다.

그리고 사람들은 대부분
마지막 라운드(Final round effect,
권투 등 투기 경기에서의 최종 라운드)에서의 움직임을
강렬하게 기억(시간적 오류, Recency errors)하기 때문입니다.

더불어 이왕이면,
기본적인 상도의(商道義)도 지키는 것이 좋습니다.

가지고 나가지 말라(유출금지)는 물건이나
기밀자료(機密資料, Confidential Info or data)는
절대 가지고 나가서는 안 됩니다.

혹시라도 그것을 조건으로 이직하신다면
언젠가는 큰 대가를 치르게 될 것입니다.

마지막으로, 퇴사하기 전에는
회사나 동료들과의 불필요한 갈등을 만들지 않는 것이 좋습니다.

물론, 노동위원회나 법원을 통해 다퉈야 할 이슈가 있다면
어쩔 수 없겠지만,
그런 이슈가 아니라면
좀 양보하고 조용히 마무리하는 것이 더 좋습니다.

왜냐하면,
새로운 회사(이직한 회사)가
이런 갈등 자체를 좋게 보지 않기 때문입니다.

"문제를 싸가지고 왔냐"는 말을 듣지 않으려면
아름답게 마무리하고 이직하시기 바랍니다.

26. Plan B를 준비하라.

이직을 했는데
그 회사가
당신의 기대와는 전혀 다른 곳일 수도 있습니다.

아니면, 불행하게도
프로베이션(Probation, 수습기간)을
통과하지 못할 수도 있습니다.

물론, 가능성은 크지 않겠지만
그래도 이직을 준비할 때
이런 경우에 대해서도
미리 고민을 해두시는 것이 좋습니다.

그래야 실제 이런 일이 발생했을 때
허둥대지 않고
침착하게 대응할 것이기 때문입니다.

This page intentionally left blank.

제4장

이직(移職)한 후(後)가 더 중요하다.

"지금까지의 성과(成果)는 모두 잊어라.
또 다시 신입(新入)이다."

제4장 이직(移職)한 후(後)가 더 중요하다.

직장인에게 이직이란 그동안의 노고에 대한 '번외(番外, Extra)의 보너스(Bonus)'와도 같습니다. 왜냐하면, 일반적으로 이직을 하면 '승진(직위 또는 직책 昇進, Promotion)'과 '급여(전반적인 보상 수준) 인상'이라는 아주 달콤한 과실(果實, Fruit)들을 맛볼 수 있기 때문입니다.

그러나 이와 같은 달콤함에 마냥 젖어 있을 수 없는 것이 이직의 또 다른 측면입니다. 왜냐하면, 이직은 마치 '다시 한번 신입 사원이 되는 것'과 유사한 '조금은 부담스러운 도전(挑戰, 정면으로 맞서 싸움을 걺, Challenge, 시험대)'이기 때문입니다.

그래서, 이직한 이후에는, 지금까지 쌓아왔던 소중한 성과들(즉, 이력서에 기재된 모든 것들)은 모두 내려 놓고 새로운 마음, 즉 초심(初心, 일을 처음 배우는 사람의 마음)으로 시작해야 합니다. 왜냐하면, 새로운 동료들은 과거의 성과가 아닌 '지금부터 보여지는 모습'만으로 당신을 평가할 것이기 때문입니다.
그래서 모든 것을 처음부터 하나하나 새롭게 증명해 나아가야 합니다.

그리고 새로운 동료들과 환경(예를 들면, 조직 문화, 업무 프로세스, 시스템 등)에도 차근차근 적응해야 합니다.

그러다 보니 처음에는 직전 회사보다 훨씬 더 바쁜 일과를 보내게 될 것입니다. 그리고 그로 인해 과거보다는 좀 더 많은 양의 육체적·정신적인 스트레스도 경험하게 될 것입니다.

그러나 지레 겁을 먹을 필요는 없습니다. 왜냐하면, 이렇게 스트레스를 받는 기간은 당연히 신입 사원 때보다 훨씬 더 짧을 것이기 때문입니다.

그리고 새로운 환경에 잘만 적응한다면 이런 스트레스들은 한 방에 날려버릴 수 있을 만큼의 비약적인 성장(成長, Growth)과 보상(報償, Compensation)도 얻게 될 것이기 때문입니다.

01. 지금까지 쌓아왔던 모든 것을 잊어라.

조금 아까울 수도 있겠지만,
지금까지 쌓아왔던 모든 것들을 내려 놓아야 합니다.

즉, 전직사(前職社, Former company)에서
인정받았던 실력(實力)과
성과(成果)들은
이제 깨끗이 지워버리고
모든 것을 새롭게 다시 시작해야 합니다.

새로운 도화지에 그림을 그리듯
신입 사원과 같이
모든 것을 하나씩 검증(檢證)받아야 합니다.

그러니, 이직으로 인한 성취감이나
자만(自慢)은 잠시 뒤로 밀어두고
겸손하고 적극적인 자세로
사소(些少)한 것들부터
동료(선후배)들을
매료(魅了, 사람의 마음을 완전히 사로잡아 홀리게 함)시켜 보시기 바랍니다.

02. 조직에 적응하는 것이 최우선이다.

경력직으로 입사한 분들에게
호의적(好意的)인 분들도 있지만 대부분은 그렇지 않습니다.

왜냐하면,
일반적으로 비슷한 연차보다는
빠른 승진과 높은 급여를 보장받고 입사했다는 것 자체가
기존 직원들(특히 연차가 비슷한)의 심기(心氣)를
불편하게 만들기 때문입니다.

그리고 공채 문화가 남아 있는 회사들의 경우에는
순혈(純血, Pure Blood)이 아니라는 이유만으로도
은따(은근히 따돌림을 당하는 사람)가 될 수도 있기 때문입니다.

그래서 경력직으로 입사한 후
가장 중요한 일은
'최대한 빨리 조직에 적응(適應, Mingle)하는 것'입니다.

물론, 이를 위한
아주 다양한 방법들이 존재하겠지만
저는, 이직에 성공한 후배분들에게,
늘 아래와 같이 말씀드립니다.

"최대한 빨리, 조직에 적응하기 위해서는
①우선은 본인이 담당하게 될 업무를 확실하게 숙지해야 하고,
②동료 선후배들과 어울려(밍글, Mingle, 섞이다)
조직 문화를 있는 그대로 흡수해야 하며,
③회사와 조직의 전략방향(戰略方向, Strategic Direction)을
최대한 정확하게 이해해야 합니다."

이들 중에
특히 중요한 것들만 좀 더 설명해 드리자면

우선, ①번(담당 업무를 명확하게 파악)의 적응을 위해
가장 먼저해야 할 일은
그 회사에서 사용하고 있는
'업무 관련 용어'들을 최대한 빨리, 모조리
숙지(熟知, Familiarity, 익숙하게 또는 충분히 앎)하는 것입니다.

즉, 관련 용어들이
입에서 자연스럽게 튀어나올 정도로
완벽하게 암기하는 것입니다.

그리고 ②번의 '밍글(Mingle)'을 위해서는
먼저 회사의 '조직도'와
동료들(전 직원들)의 이름(직위 및 직책 포함)을
최대한 빨리 외워야 합니다.

물론, 회사가 큰 경우에는
자신의 업무와 관련이 있는 동료들의 이름부터
외우는 것도
옵션이 될 수 있을 것입니다.

그러나 이런 경우에도
리더(팀장 이상급)들의 이름은
모조리 외우는 것이 좋습니다.

그리고 이와 더불어
담당 업무와 관련된 여러 실무자분들과
최대한 빨리 친해지는 것도 상당히 중요합니다.

마지막으로
③번의 이해를 위해서는
회사와 소속 조직(부문, 팀 등)의
목표(주로 KPI)와 전략(전략방향 포함)을
모조리 암기해야 합니다(비록 그 의미를 이해하지 못하더라도).

왜냐하면,
그렇게(= 암기) 하지 않을 경우
동료들과의 대화를 제대로 이해하지 못하게 되고
놓치는 일도 많아질 수밖에 없기 때문입니다.

03. 이제 여기가 '우리 회사'이다. ——————

고위 임원(Chief Officer Level)으로 입사한 분이 있었습니다.
그분은 늘 직원들 앞에서
그분의 직전 회사(전직사, 前職社, Former company)를,
"우리 회사"라고 했습니다.

실수(失手, Mistake)인지
오만(傲慢, Arrogance)인지 구분이 안 됐습니다.

그 임원은 이를 대수롭지 않게 생각하는 듯했습니다.

그러나 직원들은 그분의 이런 태도를 싫어했습니다.
그리고 그 임원을 '다른 회사 사람'이라고 생각했습니다.

그런데 안타깝게도
경력직 실무자분들 중에도 이런 분들이 적지 않았습니다.

제발 현재 근무하는 회사를 "우리 회사"라고 부르기 바랍니다.

왜냐하면,
이런 실수는 단 한 번만으로도
매우 강렬한 잔상(殘像, After-image)을 남기기 때문입니다.

04. 프로베이션은 반드시 통과해라.

이직을 했으면, 이유를 불문하고 반드시
수습기간(修習期間, Probation or Probationary period)을 통과해야 합니다.

이 기간을 통과하지 못하면
평판과 커리어(Career, 경력, 사회생활)에 큰 상처가 남기 때문입니다.

그래서 이 기간 동안에는
새로운 상사(주로 팀장, 임원)들과 동료들을
만족시킬 수 있도록 최선을 다해야 합니다.

물론, 대부분의 분들이 이 기간을 무사히 통과합니다만
전임자(前任者, Predecessor)가
일을 상당히 잘(또는 열심히)했던 사람이라면
정말 최선을 다해 일해야 합니다.

왜냐하면,
상사나 동료들의 기대치(期待値, Expectation)가
상당히 높을 것이기 때문입니다.

실제 이를 간과(看過, 대수롭지 않게 대강, 대충 일)한 분들이
종종 사고(?)를 당하기고 한답니다.

05. 첫 번째 보고를 잘해야 한다. ─────────

일반적으로, 회사에서의 업무능력이란
보고 능력(보고서나 기획서 작성, 보고·PT, 커뮤니케이션 등)과
동일한 의미로 해석됩니다.

그래서 이직 후,
첫 번째 보고는 매우 특별한 의미를 갖습니다.

왜냐하면,
팀장은 물론 그 자리에 동석한 다른 분들도
이 첫 번째 보고를 보고
당신의 실력이
어느 정도인지 가늠할 것이기 때문입니다.

"어디 얼마나 하는지 한 번 보자"

당연히 팀장이나 동석자들의 마음은 이럴 것입니다.

그래서 첫 번째 보고는
반드시 정성스럽게 준비해야 합니다.

그리고 그것이 좌식(테이블에 앉아서 하는) 대면보고가 아닌

PT(Presentation, 프레젠테이션)인 경우에는
특별히 더 신경 써야 합니다.

왜냐하면,
대부분의 사람들이
PT에 대해 좀 더 특별한 의미를 부여하기 때문입니다.

물론, 아직 조직에 완벽하게 적응한 것이 아니기 때문에
보고의 내용이 다소 부정확할 수는 있겠지만
문서의 스토리라인(줄거리), 완성도
그리고 발표 매너와 스킬이 엉성해서는 안 될 것입니다.

참고로, 보고 능력(보고서 및 기획서 작성, 보고 기법)을
좀 더 업그레이드하고 싶다면
제 강의를 한번 들어보시는 것도 나쁘지 않을 것입니다.

06. 조급해하지 마라.

이직을 하자마자
무언가(기존의 업무 프로세스, 상품·서비스,
마케팅, 내규 등)를 바꿔 보기 위해,
자발적으로, 보고서[15]를 준비하시는 분들이
생각보다 많습니다.

물론, 그 적극적인 태도는
칭찬받을 만합니다.

그리고 자신의 능력을
하루라도 빨리 보여주고 싶은 마음도
이해는 됩니다.

그러나 이렇게 작성한 보고서는 대부분
새로운 동료(기존 직원)들의
심기(心氣)를 건드릴(Offend) 가능성이 매우 높습니다.

"아니… 지가 뭘 안다고",
"온지 얼마나 됐다고", "건방지네…" 등등

---

[15] '기획서'의 의미로 무언가를 개선하거나 새로운 일이나 사업을 시작하기 위한 문서

왜냐하면,
아무리 작고 보잘것없어 보이는 회사라도
기존에 존재하는 것들은
모두 그 존재의 이유(History, 명분 등)가
있기 때문입니다.

그래서 이를 제대로,
그리고 충분히 파악하기도 전에
급하게 작성한 보고서는
자칫 자신의 경솔(輕率, Imprudence)함만을 드러내는
위험한 자료가 될 가능성이 높습니다.

그러나 만약, 이런 보고서를
상사의 지시로 작성하게 된다면
반드시 관련 히스토리들을 충분히 파악하고
새로운 동료들의 목소리도
적절하게 반영하시기 바랍니다.

07. 첫해 평가는 쿨하게 넘어가라.

연도 중간에 이직한 경우,
그 해의 평가등급(評價等級)은 당연히
중간 등급(예를 들면, 전체 5등급 중 3등급)을 받게 될 것입니다.

팀장(또는 상사)님은 분명
"일년 전체(Full Year)를 팀에 기여한 것이 아니기 때문에
어쩔 수 없다."는 뉘앙스(Nuance)로 말씀하실 것입니다.[16]

그런데 사실 위와 같은 팀장님의 말씀에
마땅히 대응할 논리를 찾기도 쉽지 않습니다.

그래서 이왕이면, 쿨(Cool)하게
"넵 알겠습니다. 이거라도 주셔서 정말 감사합니다."라고
대응하시는 것이 좋습니다.

그러면 팀장님께서도 당신을 좀 더 편하게 대해주실 것입니다.

그러나 만약, 입사 다음 해에 승진을 약속 받고 이직한 경우라면
세부 내용을 좀 더 꼼꼼하게 따져봐야 할 것입니다.

---

[16] 사실 그래서 이직할 때에는 반드시 직위 승진을 받아내야 합니다.

08. 아무튼 몸값은 올라간다.

프로베이션(Probation, 수습기간)을 무사히 통과한 이후에도
회사에 적응이 안 돼 계속 힘들 수도 있습니다.

물론, 쉬운 상황은 아니겠지만
그래도 2~3년은 버티려고 노력해야 합니다.[17]

그리고 고통스럽더라도
최대한 많은 것을 배워 두셔야 합니다.

왜냐하면,
부적응으로 힘들어 하는 지금 이 순간에도
당신의 경험과 경력은 계속 쌓이고 있고
동시에 당신의 시장가치도 계속 상승하고 있기 때문입니다.

그러니 이왕이면 조금 더 적극적인 마인드로
가능한 한 많은 것들을 흡수 해보시기 바랍니다.

---

[17] 그러나 현재보다 훨씬 더 좋은 조건의 오퍼(Offer)를 받았다면 이 기간 전이라도
이직을 고려할 수 있을 것입니다. 그리고 부적응 상태가 계속돼 부득이 이 기간 전에
이직을 하는 경우, 새로운 회사에서는 반드시 2~3년은 근무하셔야 할 것입니다.

09. 모두가 **평가자**다.

사회생활 중에 알게 되는 모든 분들을
당신에게 호의적이고 도움이 되는
네트워크(Network)로 만들 수는 없을 것입니다.

그러나 최소한 '당신과 업무적으로 관련됐던 분들'은
이왕이면 그렇게 만드는 것이 좋습니다.

왜냐하면,
그분들에 의해 당신의 가치(현재 및 미래)가 결정되기 때문입니다.

그래서 어떤 방식으로든
그들을 만족시키기 위해 노력해야 합니다.

업무능력이든, 애티튜드(Attitude)이든, 사람됨이든,
그들에게 당신에 대한 긍정적인 이미지를 심어줘야 합니다.

물론, 처음에는 이게 좀 어려울 수도 있지만
그래도 성의(誠意)있게 노력은 해보시기 바랍니다.

그래야 노하우가 축적될 것이기 때문입니다.

10. 네트워킹에 신경 써라.

이직한 후에는
네트워킹(Networking)에도 관심을 가져야 합니다.

제가 말씀드리는 네트워킹은,
쉽게 말씀드려,
주로 공적(公的)인 정보(구인, 업무 등)나 조언 등을
교류하기 위한 목적으로 만들어진 인적 네트워크에
합류(合流, Join)해서 활동하는 것입니다.

물론, 새롭게 조직을 만드는(구성) 것도 가능하겠지만,
기존에 만들어진 조직에 조인(Join, 합류)하는 것이
훨씬 더 효율적일 것입니다.

그리고 네트워킹의 시작은
현재 네트워킹을 하고 있는 분의 소개를 통해
합류하는 방법이 가장 일반적입니다.

참고로, 직장인들에게
그나마 도움이 될 만한 네트워킹은
아마도 '업계(동업사 또는 경쟁사) 모임'이 아닐까 합니다.
업무 정보는 물론 이직의 기회도 쉽게 접할 수 있기 때문입니다.

11. 왕따는 버티기 어렵다.

텃세는 어디에나 있습니다.
그러나 이를 넘어
왕따를 하는 회사에는 길게 계시면 안 됩니다.

일반적으로 회사에서는
어떤 수모(受侮)를 당해도 참아내야 합니다.

어차피 월급이란
인격을 버리는 대가(代價, Price)이기 때무입니다.

그러나 왕따는 사안이 좀 다릅니다.

왜냐하면,
가해자는 즐거울지 몰라도
피해자는 마음과 정신에 회복할 수 없는
상처를 입게 되기 때문입니다.

그리고 이런 회사는
회사의 주요 기능들(특히 HR, 노조, 리더십)이
제대로 작동하지 않는 곳이라
비전이 있을 가능성도 매우 낮습니다.

그래서 경력직으로 입사하셨다면,
조용히 이직을 준비하는 것이 좋습니다.

그리고 필요한 경우
이런 상황을 팀장에게
이메일로 자세하게 보고해 근거를 남기고
면담도 해보시기 바랍니다.

물론, 인사팀과도 면담을 해보시기 바랍니다.

그리고 만약을 위해
모든 증거 자료(녹음 파일 등)들을
안전한 곳에 잘 저장해두시기 바랍니다.

만약을 위해…

12. 이직한 회사도 회사일 뿐이다. ────────

이직한 회사에 대한 너무 큰 기대는 금물입니다.
어쨌든 이직한 회사도
'조직'이며 '회사'이기 때문입니다.

그래서 이전 회사(Former Company)와 같이
'공정', '합리' 등은 기대하지 않는 것이 좋습니다.

그리고 '돌아이'와 '소시오패스(Sociopath,
반사회적 인격 장애자, 선과 악을 신경 쓰지 않는 사람)'도
당연히 존재할 것입니다.

'돌아이 질량 보존(또는 불변)의 법칙'은
어느 조직에나 반드시 적용이 되기 때문입니다.

모든 면에서, 이전 회사보다, 더 나은 회사는 찾기 어렵습니다.
어느 회사나 장단(長短, pros & cons)이 있기 때문입니다.

그러니 오직
비즈니스 마인드(Business is business)로
흔들림 없이 냉정하게
스스로를 업그레이드(Upgrade)해나가시길 바랍니다.

13. 다음 이직을 준비해라.

일반적으로 요즘 기업(특히, 대기업)들은
직원들에게 한 가지 업무(업무 영역을 좁혀서)만을 반복시킵니다.

그러면 전문성이 올라갈 것 같겠지만
직원들은 결국,
특정 부분에만 사용되는, 부속품이 돼 버립니다.

그래서 회사는 언제든
해당 인력을 대체할 수 있게 됩니다.

생각보다 많은 회사에서
이런 상황이 발생하고 있으며
'주52시간 근무제도'가 이의 확산(擴散, Spread)을
가속화(加速化, Accelerating)하고 있습니다.

이런 상황에서는 누구나
매너리즘(Mannerism, 타성)에 빠지게 됩니다.[18]

그리고 자신이 부속품이 됐다는 것도 인지하지 못하게 됩니다.

---

[18] 틀에 박힌 태도나 방식만을 고수하며 변화나 새로움을 꾀하지 않거나 거부하는 상태

상황이 이렇다면
이직을 한두 번 더 해보는 것이 좋을 수도 있습니다.

동일 업종(業種, Business Sector, Industry) 내에서의 이직이라면
'외국계 회사'와 '국내 회사'에서
또는 '큰 회사(대기업)'와 '작은 회사(중견 및 중소기업)'에서
골고루 근무해 보는 것도 좋습니다.

그리고, 상황에 따라,
직무를 변경해서 이직해 보는 것도 좋습니다.

왜냐하면,
이렇게 하면, 새로운 실무 지식은 물론
업무를 좀 더 넓게 볼 수 있는 시각(View, 관점)도
얻게 될 것이기 때문입니다.

그리고 더불어
승진과 연봉을
회사가 주는 대로 받는 것이 아니라
주도적으로 협상할 수 있는
대체 불가능한 프로페셔널이 될 가능성이 높기 때문입니다.

그러나 그렇다고 이직을 너무 자주 해서는 안 됩니다.
그러면 평판에 문제가 생길 수도 있기 때문입니다.

14. 최종 목표는 빨리 임원이 되는 것이다?

직장생활로 빨리 돈을 벌고 싶다면
최종 목표를
'최대한 빨리 임원이 되는 것'으로 정해야 합니다.

왜냐하면,
일반적으로, 임원의 보상 수준은
부장까지의 보상 수준과는
완전히 레벨이 다르기 때문입니다.

물론, 남들보다 더 빨리 임원이 되면
더 빨리 직장생활을 마감해야 할 수도 있지만
운이 좋으면(실력보다 운이 더 중요한 듯함)
임원급으로 여러 회사들을 경험하며
남들이 부러워할 만한 커리어를 만들 수도 있습니다.

그리고 남들보다 더 빨리 직장생활을 마감한다고 해도
임원급으로 마감하는 것이 그나마
남은 인생에 더 도움이 될 가능성이 높습니다.

그리고 물론, 그렇게 되기 위해서는
한 회사만을 고집해서는 안 될 것입니다.

This page intentionally left blank.

This page intentionally left blank.

제5장

회사에서 '일잘러'로
인정받는 방법늘

"일잘러(일을 잘하는 사람)는,
자신이 아니라, 상대를 만족시키는 사람이다."

제5장 회사에서 '일잘러'로 인정받는 방법들

어느 회사(또는 조직)에나 '일잘러(일을 잘하는 사람)'는 존재합니다. 그리고 당연히 '일못러(일을 못하는 사람)'도 존재합니다.

큰 회사(예를 들면, 대기업이나 글로벌기업)라고 '일못러'가 없는 것도 아니고, 작은 회사라고 '일잘러'가 없는 것도 아닙니다.

그리고 작은 회사에도 큰 회사의 '일잘러' 만큼, 또는 그 이상으로, 일을 잘하는 '일잘러'가 존재하고, 큰 회사에도 작은 회사의 '일못러' 만큼, 또는 그 이하로, 일을 못하는 '일못러'가 당연히 존재합니다.

왜냐하면, '일을 잘한다(또는 못한다)'라는 것은 일반적으로 '일을 하는 방식(스타일)'이나, '상대방을 만족시키는 성과(또는 결과)를 만들어 내는 능력' 등에 관한 평가이지 '회사의 크기'나 '스펙(일반적으로 학력 수준, 학벌, 외국어 구사 능력, 전문자격증 보유 여부, 해외 유학 경험 등)'에 관한 평가가 아니기 때문입니다.

그래서 큰 회사에서 근무하면, 작은 회사에서 근무하는 것보다는, 훨씬 더 큰 규모의 일을 경험하고 더 좋은 시스템(업무 & IT 시스템과)도 배울 수도 있지만 그런 이유만으로 큰 회사에서 근무하는 분들이 작은 회사에서 근무하는 분들보다 당연히 일을 더 잘하게 되는 것은 아닙니다.

그러면 과연 어떻게 하면 '일잘러'가 될 수 있는지 궁금할 것입니다. 물론, 다른 여러 선생님들도 많은 방법들을 알고 계시겠지만, 제가 아는 방법은 아주 간단합니다.

일을 잘하려면 '일을 잘할 수 있는 방법들'을 배우고 익히면 됩니다. 즉, 회사에서 일를 잘한다고 인정받기 위해서는 '누군가(주로 선배들)로부터 일을 잘할 수 있는 방법들을 배우고 이를 자기의 것으로 만들기 위해 꾸준하게 연습하면 된다'는 것입니다.

그러나 안타깝게도 지금은 선배들이 이런 방법들을 후배들에게 알려주는 시대가 절대 아닙니다. 왜냐하면, 지금은 조직 구성원들이 그렇게도 원했던, 선후배도 없는, 무한경쟁(無限競爭, Unlimited Competition, Free-For-All, Rat Race)사회이기 때문입니다.

그래서 제가 이 장(章, Chapter)을 통해 일반적으로 '조직'에서 '일을 잘한다'고 인정받을 수 있는 방법들[19]을 좀 공유해드리고자 합니다.

어차피 고생스럽게 일을 할 거라면 "일을 잘한다"라는 말을 들을 수 있게 노력해보시는 것도 나쁘지 않을 것입니다.

---

[19] 나중에 더 보완이 될 수도 있지만, 현재 이 책의 내용들만이라도 잘 숙지한다면 분명 어느 조직에서나 '일잘러'로 평가(評價)받을 수 있을 것입니다.

01. 평가는 오롯이 남의 몫이다.

스스로 '일을 잘한다'고 평가(= 자평, 自評)하는 것은
상당히 위험한 일입니다.

왜냐하면,
'일을 잘한다' 또는 '일을 못한다'라고
평가(評價, 또는 판단)하는 행위는
오롯이 타인(상사 등 동료)들의 몫(영역)이기 때문입니다.

그런데 이를 이해하지 못하고
스스로 '일을 잘한다'고 평가해버리면
괴로운 직장생활만 계속될 뿐입니다.

그리고 더 발전하지도 못하게 됩니다.

그러니 지금부터라도
다른 사람들의 평가에
귀를 기울여 보시기 바랍니다.[20]

---

[20] 그리고 혹시라도 '일을 잘한다'는 평가를 받고 싶다면 '일을 잘한다'고 평가받는
동료들을 관찰해 보기 바랍니다. 그리고 그들이 왜 그런 평가를 받고 있는지 한번 정리해
보기 바랍니다. 그러면 '일을 잘한다'는 것이 어떤 의미인지를 조금 더 구체화할 수 있을
것입니다.

02. 늘 상대방의 입장을 헤아려라. ——————————

회사에서는 매사(每事, 하나하나의 모든 일, In every business)
상대방(예를 들면, 상사, 고객 등)의 입장을 헤아려 봐야 합니다.

혼자 일하는 곳도 아니고
또 계속 마주쳐야 하는 사람들이기 때문입니다.

그리고 특히, 어떤 문제로
갈등(또는 평소와는 다른 불편한 분위기 등)이 발생했다면
반드시 그렇게 해봐야 합니다.

그러면 생각보다 쉽게
문제를 해결할 수도 있기 때문입니다.

물론, 그렇다고 무조건 양보하라는 의미는 아닙니다.
단지 상대방의 입장을 헤아려 보라는 것입니다.[21]

왜냐하면,
대부분의 사람들은 그것조차도 하지 않기 때문입니다.

---

[21] 즉, 역지사지(易地思之, 처지를 바꾸어 생각해 봄, Put yourself in someone else's shoes)를 실천해보시라는 의미입니다.

03. 고객을 만족시켜라.

우리가 회사에서 하는 대부분의 일들은
'상대(상사 등, 이하 '고객'이나 'Audience')를 위한 것'들입니다.

즉, 우리는 늘
상대를 만족시키기 위한 일들을 하고 있는 것입니다.

그래서 '보고서를 작성하라'는 팀장님의 업무지시도
분명, 보고서의 작성자가 아닌,
'팀장님을 만족시키기 위한 일'인 것입니다.

혹시라도 이를 '자신을 만족시키기 위한 일'이라고
착각해서는 절대 안 됩니다.

그래서 보고서에
필요 이상의 복잡한 분석(分析, Analysis, Breakdown)이나
난해한 이론(理論, Theory, Rules)들을 나열하거나
일반적이지 않은 전문 용어들을 남발해서는 안 됩니다.

왜냐하면,
수준 낮은 팀장(또는 상사)님은
이를 제대로 이해하지 못할 것이기 때문입니다.

그리고 이를 그의 윗분들에게도
제대로 설명 드리지 못할 것이기 때문입니다.

이렇게 보고서를 작성해 놓고,
뒤에서 팀장님에게 상욕(常辱)을 해서는 안 됩니다.

왜냐하면,
당신이 고객의 수준을 만족시키지 못한 것이기 때문입니다.

즉, 그 단순한 보고서도
당신이 이해할 수 있게 작성하는 것이 아니라
당신의 상사(팀장과 임원)님들이
이해할 수 있게 작성해야 한다는 것입니다.

회사에서 하는 다른 일도 마찬가지입니다.
상대가 있는 모든 일은
그 상대를 만족시키기 위해 하는 것입니다.

참고로
요즘에는 학자나 예술가도
고객을 만족시키기 위해(Audience Centric) 최선을 다합니다.

왜냐하면,
그게 바로 프로페셔널의 '커리어'이자 밥줄'이기 때문입니다.

04. 애티튜드(Attitude)가 정말 중요하다.

회사와 같은 조직 생활(組織生活)에서는
애티튜드(Attitude, 태도, 자세, 몸가짐, 마음가짐)가 매우 중요합니다.

아무리 스펙이나 성과가 훌륭해도
애티튜드가 나쁘면
그저 '기본이 안 된 인간'이라는 말을 듣게 될 뿐입니다.

그러면 사소한 실수(失手, Mistake, Error)로도
가정교육(家庭敎育, Home Education or Training)까지 소환되며
예상하지 못한 불이익을 당하기도 합니다.

그러나 애티튜드가 좋은 사람에게는
언제나 조력자들이 넘쳐납니다.

업무가 좀 부족하거나
실수를 좀 하더라도
대부분 쉽게 쉽게 넘어가며
오히려 새로운 기회들이 주어지기도 합니다.

이게 바로 회사라는 '조직'입니다.

05. 지각하지 마라.

사실, 살다 보면 가끔 지각을 할 수도 있습니다.

그러나 대부분의 리더(팀장 이상)들은
지각(遲刻, Lateness, 약속에 늦음)[22]하는 사람을 정말 싫어합니다.

물론, 동료들도 그런 사람을 싫어합니다.

왜냐하면,
그가 팀의 평판(評判, Reputation)과
팀장의 리더십을 흔들고 있기 때문입니다.

다른 조직의 동료들(경영진이나 HR 포함)은
지각자를 보면 분명 이렇게 생각할 것입니다.

"저 팀 팀장… 리더십에 문제가 있는 거 아닌가?"
"저 팀은 지각해도 뭐라고 안 하나 봐… 팀워크 좋네~"

그래서, 일반적으로, 지각하는 사람은
평가(評價, Evaluation, 정성부문)나 평판이 좋을 수가 없습니다.

---

[22] 여기서 지각이란 출근, 회의 등 공적인 약속에서의 지각을 의미합니다.

06. 급하게 휴가를 쓰지 마라?

살다 보면, 누구에게나 급한 일이 생길 수 있습니다.

그래서 어쩔 수 없이 급하게
휴가 당일 아침에
카톡 등으로
휴가를 신청할 때가 있습니다.

물론, 상식적인 범위 내에서는
전혀 문제가 되지 않을 것입니다.

그러나 이런 일이
습관처럼 여러 번 반복된다면…
팀장은 대안을 마련하게 될 것입니다.

왜냐하면,
프로(Professional)의 세계에서,
리스크(Risk, 위험요소)를 발견하고도
이에 대한 적절한 대안을 강구(講究, Find out)하지 않는 것은
스스로 무덤을 파는 것과
크게 다르지 않기 때문입니다.

07. 조급해하지 마라.

직장생활을 시작(또는 이직)한지 얼마 안 되는 분들은
대부분 상당히 조급합니다.

아마도 영화나 드라마에서 나오는
기획서 하나로
하루 아침에
본부장이 되는 성공 스토리를
기대하는 것 같기도 합니다.

그러나 현실에서
그런 상황이 발생할 가능성은 없습니다.

왜냐하면,
일반적으로 회사는
충분히 준비되지 않거나
검증되지 않은 사람에게는
링(Ring)에 오를 기회조차 주지 않기 때문입니다.

그래서 조직 생활에서는
'조급(躁急, Impatience)'보다는
'긴 호흡(인내, 忍耐, Patience, Endurance)'이 필요합니다.

물론, 지금은 수많은 허드렛일들로
멘붕(멘탈 붕괴)에 빠져 있을 수도 있지만
시간이 지나면 반드시 당신에게도 기회가 올 것입니다.

왜냐하면,
회사는 절대 그냥(= 허튼) 돈을 쓰지 않기 때문입니다.

그러니 회사가 기회를 줄 때까지
만반(萬般, Everything)의 준비를 해두시기 바랍니다.

08. 늘 겸손해야 한다. ──────────

"이 바닥 겸손해야 한다"라는
영화(타짜, 2006) 대사가 있었습니다.

물론, 이는 도박판에서만 적용되는 말이 아닙니다.

왜냐하면,
우리나라에서는 '바닥(영역)'을 불문하고
무조건 겸손(謙遜, Modesty, Humility)해야 하기 때문입니다.

그렇지 않으면
지금까지 어렵게 쌓아 올린 것들을
하루 아침에 잃게 될 수도 있기 때문입니다.

특히, 조직에서는 더욱 그렇습니다.

그래서 당신이 '당연히' 알고 있던 상식들을
다른 동료들이 잘 모르더라도
오히려 자신을 낮추고 겸손해야 합니다.

왜냐하면,
그 반대의 상황도 언제나 존재하기 때문입니다.

09. 과언무환(寡言無患)

사자성어인 '과언무환(寡言無患)'은
'말이 적으면 근심이 생기지 않는다'는 의미입니다.

물론, 이 격언(格言, Maxim)은
조직생활에도 여지(餘地)없이 적용됩니다.

그래서 회사에서는
필요 이상의 말을 해서는 안 됩니다.

그렇지 않으면
아주 번거로운 일이
발생할 수도 있기 때문입니다.

특히, 상사님들과 함께 있는 자리에서는
업무에 크게 지장을 주는 이슈가 아니라면
조용히 듣고만(물론, 적절한 호응이나 추임새 등은 필요) 있는 것이
훨씬 더 이익이 될 때가 많을 것입니다.

10. 적자생존!!!

회사에서는 예나 지금이나 '적는 자(者)'만이 살아남습니다.

여러분이 팀장이라고 한번 상상해보시기 바랍니다.
가족들도 내 말을 귓등으로도 안 듣는데
나보다 잘 난 팀원들이
내 말을 노트에 꼼꼼히 적고 있다고…

네, 맞습니다.
그래서 '잘 적는 분'이 사랑받는 것입니다.

지금부터라도 상사님이 입을 여시면
하던 일을 멈추고
바로 노트를 열어 메모를 해보시기 바랍니다.

그러면 태도(態度, Attitude) 점수가 상당히 올라가고
놓치는 업무도 확실이 줄어들게 될 것입니다.

참고로, 팀 이동이나 이직을 한 경우에는
녹음을 하는 것이 더 효과적일 수도 있을 것입니다.[23]

---

[23] 물론, 이는 현행법의 테두리 안에서 이루어지고 활용돼야 할 것입니다.

11. 업무관련 용어는 모조리 숙지하라. ────

이직편[24]에서도 말씀드렸지만,
업무와 관련된 용어들은
반드시, 정확하게
숙지(熟知, Familiarity, 익숙하게 또는 충분히 앎)해야 합니다.

이는 단순하게
각 용어들의 정의만을 암기하는 것으로는 부족하며
그 용어들의 발음까지도
숨 쉬듯이 자연스럽게
내뱉을 수 있을 정도가 돼야 한다는 의미입니다.

그리고 계산식(計算式)의 경우에는
이를 직접 계산할 수도 있어야 합니다.

그렇지 않으면 아마추어나
알바(Part-timer) 대접을
받게 될 수도 있을 것입니다.

────────────────────

[24] '제4장 이직(移職)한 후(後)가 더 중요하다.'의 '02. 조직에 적용하는 것이 최우선이다.'
참고

12. 커뮤니케이션은 쉽게 하라.

커뮤니케이션(Communication, 소통)[25]은,
상대방에 초점을 맞춰, 쉽게 해야 합니다.

그래야 상대방이
화자(말하는 사람)의 진의(眞意, 의도, 논점)을
제대로 이해하게 될 것이기 때문입니다.

그런데 만약,
그렇게 하지 못한다면
'소통능력(疏通能力, Communication Skill)이 떨어진다'는
피드백을 받게 될 것입니다.

그리고 동시에
'일을 못한다'라는 평가도 받게 될 것입니다.

왜냐하면,
회사에서 하는 모든 일들은
커뮤니케이션을 통해 이루어지기 때문입니다.
커뮤니케이션 쉽게 하지 못한다는 것은

---

[25] 보고서, 이메일, 문자, 대화 등 모든 종류의 커뮤니케이션

예를 들면,

논점 없이 장황(보고서나 이메일 작성 시 포함)하고

애매(추상적 표현 포함)하게 말하거나

상대를 가리지 않고 어려운 용어(약어 포함)들을 남발하거나

필요 이상으로 복잡한 분석이나 이론을 선호하거나

자기 말만 하고 상대의 말을 듣지 않거나

상대의 말(논지)을 제대로 이해하지 못하거나

상대를 불편하게 만드는

등의 행위들입니다.

아마도

이렇게 커뮤니케이션하는 사람과

기쁘게 일할 수 있는 사람은

분명 많지 않을 것입니다.

13. 이메일로 근거를 남겨라.

회사에서 하는 일은 늘 근거를 남겨 놓아야 합니다.

왜냐하면,
안타까운 현실이지만, 지금은
누구를 믿고 일한다는 것이 어려운 시대이기 때문입니다.

그래서 중요한 업무들에 대해서는
반드시 이메일로 근거를 남겨 놓아야 합니다.

근거를 남긴다는 것은,
우선, 팀장(상사)님에게 업무지시를 받으면
①바로 자리에 돌아와 지시 받은 내용과 향후 보고 일정 등을
이메일로, 간단하게, 요약해 보고드리고(군대의 '복명복창'과 유사),
②이후 실제 보고(중간이나 결과보고) 전(예를 들면, 오늘 오후 보고라면 오전 중)에
위 이메일을 회신해 작업 결과를 보고드리는 것입니다.

예를 들면,
지난주에 팀장님이 지시하신 건으로
오늘 오후 2시에 중간 보고를 드려야 한다면
①번의 이메일에서 회신(답장)을 눌러
현재까지 완성한 파일을 첨부한 후

아래와 같은 내용으로

오전 중에 보고(회신, RE:)를 드리는 것입니다.

팀장님

지난주에 지시하신 OOO건에 대해 아래와 같이 (중간)보고 드립니다.

- 핵심 내용을 블릿 포인트(Bullet Point)
- 2~3개 정도로
- 요약

자세한 내용은 첨부해드린 파일과 함께
금일 오후 2시에 직접 보고 드리겠습니다.

감사합니다.

OOO 드림

이후 이 이메일을 이용해(회신 등) 해당 업무가 종료될 때까지
'계속' 동일한 방식으로 보고를 드리면 됩니다.

그리고 다른 팀이나 동료들과
업무나 회의를 진행할 때에도
이와 동일한 방식으로 근거를 남기셔야 합니다.

그래야 커뮤니케이션에 문제가 있었는지 여부를
객관적으로 파악할 수 있고,

그 책임 소재(Matter of Responsibility)도
명확하게 밝힐 수 있기 때문입니다.

당신의 기억은 영원할 수 없습니다.
그리고 당신이 현재의 업무를
언제까지 계속 할지도 알 수 없습니다.

그러나 당신이 남겨 놓은 이메일은
당신의 상태나 존재와 무관하게
서버(Server) 속에 저장돼
당신을 보호해줄 것입니다.

참고로, 이렇게 이메일을 활용하면
문서 작성과 보고 능력도 크게 향상됩니다.

왜냐하면,
이런 일 자체가
핵심을 정리(또는 요약)하는 작업이기 때문입니다.

물론, 처음에는 많은 시간이 소요될 것입니다.

그러나 일단 익숙해지면
전반적으로 일을 처리하는 속도와 양이
과거와는 크게 달라지게 될 것입니다.

14. 보고업무는 정말 중요하다.

다른 일을 다 잘해도
보고업무(業務報告)를 잘하지 못하면
일을 잘한다는 평가를 받기 어렵습니다.

그리고 리더(팀장 이상의 레벨)가 될 가능성도
크게 줄어들 것입니다.

보고업무를 잘한다는 것은
일반적으로
보고서(기획서 포함) 등의 문서 작성 능력과
보고·발표(Reporting, Presentation) 스킬이 준수하며
관련 팀이나 담당자들과의
커뮤니케이션과 협업 능력도 어느 정도 갖췄다는 의미입니다.

그래서 팀장(또는 상사)들은
보고업무를 잘하는 사람을
실탄(實彈, 총알, 무기, Weapon)이라고 생각합니다.

왜냐하면,
이들은, 다른 팀원들보다, 손이 적게 가고
자신의 화력(원래 실력보다 더 돋보이게)을 배가해주는

완성형(完成型, Completed) 무기들이기 때문입니다.

그래서 팀장들이 그들에게
더 많은 보상(報償, Compensation)과 기회를 제공하는 것입니다.

어쩔 수 없습니다.
누구나 그럴 것이기 때문입니다.

참고로, 보고업무가
정말 어렵고 힘드시다면
아래의 강의를 들어 보시는 것도 좋을 것입니다.

15. 이왕 해줄 거면 적극적이고 친절하게 ──────

회사에서 부탁(업무적인 요청)은 매우 일상적인 일입니다.
어떻게든 서로 업무적으로 연결돼 있기 때문입니다.

그런데 부탁은 할 때마다 뭔가 좀 불편합니다.
상대에게 번외(番外, Extra)의 일이 된다는 걸
잘 알고 있기 때문입니다.

그래서 부탁을 받는(또는 들어주는) 분이
'완전 피곤한 표정을 짓거나'
"다음부터는 좀 미리미리 요청해…" 등의
짜증 섞인 말을 한다고 해도
"죄송합니다. 부탁 좀 드리겠습니다"라고 말하며
납작 엎드려야 합니다.…

어차피 해줄 거면서…
어차피 해줄 거라면, 당신은,
상대가 불편하지 않게
아니 오히려 적극적이고 친절하게
부탁을 들어주시기 바랍니다.

그러면 차원이 다른 평판을 얻게 될 것입니다.

16. 일에는 경중(輕重)이 있다. ────────

일반적으로, 직위(또는 직책)가 올라갈수록
그리고 연차가 쌓일수록
업무의 양(量)은 빠르게 늘어납니다.

이런 상황에서는
모든 업무를 신입 때처럼 깊게 하시면 안 됩니다.

그러면 이내 버티지 못하고
쓰러져버릴 것이기 때문입니다.

그래서, 시행착오가 좀 필요하지만,
깊게 해야 할 일과
그렇지 않은 일을 천천히 구분해 나가야 합니다.

그리고 그렇게 구분한 후
각 업무별로
필요한 만큼의 근무 시간을 배분하고
필요한 만큼의 완성도를 만들어 내시면 됩니다.

물론, 이게 잘 안 되는 분들은
'시간 관리를 잘 못한다'라는 평가를 받게 될 것입니다.

17. 작은 일을 못하면 큰 일도 못한다.

어느 회사(또는 조직)나
신입 사원으로 들어가면
허드렛일(중요하지 않은 여러 가지 잡일)부터 하게 됩니다.

그런데 이런 일들을 가볍게 여기고
대충대충 처리해서는
절대 안 됩니다.

왜냐하면,
대부분의 윗분들은
작은 일조차도 제대로 하지 못하는 사람은
당연히 큰 일도 제대로 하지 못할 거라고
확신(確信)하기 때문입니다.

그래서 작은 일을
제대로 못하는 사람에게는
늘 허드렛일만 주어지게 되는 것입니다.

계속…

18. 객관적이고 상식적이어야 한다.

이유는 잘 모르겠지만,
정치권이나 TV 토론회에서는
객관(客觀, Objectivity)적이지 않거나
상식(常識, Common Sense)적이지 않은 사람들도
'전문가 대접'을 해주는 것 같습니다.

그러나 그런 사람들이
회사에 들어온다면…

그들은 아마도 상상하기도 힘든
대접을 받게 될 것입니다.

왜냐하면,
그런 사람들에게
회사가 줄 수 있는 것은
좌천(左遷, Demotion)이나
징계(懲戒, Punish) 밖에 없을 것이기 때문입니다.

회사는 객관적인 근거가 없는 감(感, 느낌이나 생각)이나
합리적이지 않은 몰상식으로
노닥거리는 곳이 아니기 때문입니다.

19. 좁게 보지 말고 넓게 봐라.

어떤 문제(과제, 업무지시 등)이든
시야가 좁으면
해답(대안, 해결방안)을 찾기는커녕
문제 자체도 '제대로' 이해하지 못할 가능성이 높습니다.

이런 경우에는
일을 열심히 하고도
불만족스러운 평가를 받을 수밖에 없을 것입니다.

그래서 '①문제를 파악할 때'는 물론
문제에 대한 '②대안(또는 해답)을 찾을 때'에도
늘 넓게 보는 연습을 하셔야 합니다.

왜냐하면,
회사(여러 부문이 함께 일하는)에서 발생하는 이슈들은 대부분
①한 부문(예를 들면 팀, 본부 등)만의 문제가
아닐 가능성이 높고,
이에 대한 해결방안 또한 대부분
②한 부문(주로 문제가 발생한 부문)만의 노력만으로는,
해당 이슈를 근본적으로,
해결할 수 없을 가능성이 높기 때문입니다.

20. 회사는 혼자 일하는 곳이 아니다.

어디에서나
'희생(犧牲, Sacrifice)'을 해야 가치가 올라갑니다.
그리고 특히 회사라는 조직에서는 더욱 그렇습니다.

회사(외국계 포함)에서는
내 것만 칼같이 지키고 챙기면서 일하는 사람은,
평가나 평판은 차치(且置, 문제삼지 아니함)하더라도,
왕따가 될 가능성이 높습니다.

그래서 팀이 바쁠 때
혼자만 칼퇴근을 했다면
앞으로 자신이 바쁠 때에도
다른 사람의 도움은 기대하지 않는 것이 좋습니다.

회사라는 조직은 혼자 일하는 곳이 아닙니다.

바쁠 때에는
다른 사람을 도와줘야 한다는 것도 알아야 합니다.

그게 바로 팀워크(Teamwork, 업무 단위의 팀워크,
조직편제상 팀보다 더 넓은 개념)라는 것입니다.

21. 후속 업무를 배려하라. ─────────

만약, 당신의 업무 지체(遲滯, Delay)로
후속(後續, Following) 업무[26]들이 지연됐다면
그에 상응하는 책임을 부담하게 될 수도 있을 것입니다.

왜냐하면,
당신의 업무 지체가,
전사적인 차원에서,
비효율(Cost, Inefficiency)을 야기했기 때문입니다.

그래서 후속 업무가 있는 일은
반드시 스케줄을 꼼꼼하게 준수해야 합니다.

물론, 후속 업무보다
더 중요해 보이는 일이 있다면
상사에게 보고한 후
후속 업무자와
'해당 업무의 스케줄을 조정해도 되는지'
미리미리 의논해 보셔야 할 것입니다.

───────────────

[26] 특히, 다른 팀에서 처리해야 하는 일

22. 가능하다면 바로 응답하라.

가능하다면,
회신을 요하는 일(주로 다른 팀, Client, 협력업체 등)은
최대한 신속하게 응답(물론, 적절한 응답)해 주시기 바랍니다.

물론,
상사에게 미리 보고드려야 하는 등의
별도 프로세스를 거쳐야 하는 일도 있겠지만
아무튼 가능한 한 빨리 응답해 주시기 바랍니다.

그리고
응답이 늦어질 것 같으면
중간에 진행 상황을
간단하게라도 알려주는 것이 좋습니다.

그러면 아마도
'일을 정말 잘한다'는 피드백을 듣게 될 것입니다.

왜냐하면,
어느 회사이든 이렇게 일하시는 분이
많지 않기 때문입니다.

23. 스펙으로 나대지 마라.

회사에서는 스펙(Spec, 경력, 학력, 학벌, 자격 등)으로 나대면
아래와 같은 말을 듣게 됩니다.

"(그 좋은 스펙으로) 어디 얼마나 잘하는지 한번 봅시다."
"아~ 훌륭한 분이시라… 혼자 하셔도 되겠네요."

네 그렇습니다!
회사에서 스펙으로 나대면
동료들의 소소한 협조도 받기 어려워집니다.

그리고 사소한 언행이나 보고서, 이메일 하나까지도
만인(萬人, Everyone)의 관심(또는 평가)의 대상이 될 것입니다.

물론 이게 다가 아닙니다.
"스펙이 좋아도 별거 없네."라는 말도 듣게 될 것이기 때문입니다.

'일머리'와 '공부머리'가 다르다는 것을
아직까지 모르는 사람들이 많기 때문입니다.

그래서 회사에서는 절대 스펙으로 나대서는 안 됩니다.
회사는 스펙으로 일하는 곳이 아니기 때문입니다.

24. 스펙에 주눅들지 마라.

학력 수준, 학벌, 전문자격증 등의 스펙에
주눅들지(무섭거나 부끄러워 기세가 약해지다) 않길 바랍니다.

왜냐하면,
일반적인 사무직의 경우
스펙과 업무능력(일을 잘하는 것) 간의 상관관계는
거의 존재하지 않기 때문입니다.

이는 사회생활을 어느 정도 해보면(보통 10년 이내에)
대부분 눈으로 확인하게 됩니다.

그리고 사실,
조금만 상식적으로 생각해봐도
스펙과 업무능력은
서로 다른 영역의 능력이라는 것을
쉽게 인지(認知)할 수도 있을 것입니다.

왜냐하면,
대부분의 스펙은
혼자만 잘하면 쌓을 수 있는 것이지만,
업무능력은 그렇지 않기 때문입니다.

아시는 바와 같이
어떤 학교(교육과정)나 자격증 시험도
업무를 잘하는 방법을 가르치거나 측정하지 않습니다.

그래서 회사에서
'일을 잘한다(또는 업무능력이 뛰어나다)'는 것은
단순한 시험능력과는 거리가 있는
좀 다른 종류의 능력을 가지고 있다는 의미입니다.

그런데 사회생활을 오래 하신 분들 중에도
스펙(학력 수준, 학벌, 전문자격증 등)이
곧 업무능력이라고 믿고 계신 분들도 적지 않습니다.

이런 분들은 보통
①식견(識見, 사물을 객관적으로 분별할 수 있는 능력)과
사회경험이 좀 부족하거나 ②공공기관에 근무하거나
아니면 ③본인이 이에 해당하는 당사자인 경우가 대부분입니다.

참고로, 이중 ③번에 해당하는 분들은 대부분
회사에 대해 엄청난 불만을 가지고 있는 경우가 많습니다.

왜냐하면,
회사나 동료(특히 상사)들이
'자신의 뛰어난 시험능력'을 몰라준다고 생각하기 때문입니다.

25. 상사를 두려워하지 마라.

일을 제대로 하기 위해서는
상사(上司, Boss, Supervisor)를 두려워해서는 안 됩니다.

상사를 두려워하게 되면
평소보다 경직(硬直, 몸 따위가 굳어서 뻣뻣해짐)돼서
실수를 하게 되고
실력도 제대로 발휘하지 못하게 됩니다.

어차피 처음에는 누구나
상사에게 싫은 소리(욕이나 잔소리)를 듣게 돼 있습니다.

이게 두렵다고 상사를 피하거나 멀리해서는 안 됩니다.

그리고 싫은 소리를 들었을 때
오히려 "감사합니다"라고
공손하게 대답해보시기 바랍니다.

그러면 상사도 조금 더 어른스러워질 것입니다.

참고로, 좀 나중에 깨닫게 되겠지만
정말 무서운 건 상사가 아니라 동기나 후배랍니다.

26. 거짓 없이 깨끗하게 인정해라.

잘 모르면, 잘 모른다고
잘 못했으면, 잘못했다고
솔직하게 인정(認定, Admit)하는 것이 더 좋습니다.

왜냐하면,
솔직한 게 성장에 훨씬 더 유리하기 때문입니다.

그리고 솔직한 사람에게는
조력자(助力者, Helper)들도
알아서, 자연스럽게 나타나기 때문입니다.

그러나 그렇게 하지 않고
그 상황을 일단 모면(謀免, Escape)하기 위해
말도 안 되는 핑계나 거짓말을 나열한다면
당신은 순식간에
기피(忌避, Shun) 대상이 되고 말 것입니다.

왜냐하면,
그런 언행(言行, 말과 행동)의 소유자와
엮이고 싶은 사람은
아마도 없을 것이기 때문입니다.

27. 실패는 최대한 빨리 잊어라.

업무 수준이
일정 궤도(軌道, Level)에 오르기 전까지는
어처구니없는 실수(失手)가 많을 수밖에 없습니다.

그러나 그럴 때마다
의기소침(意氣銷沈, Depressed)해할 필요는 없습니다.

왜냐하면,
누구나 다 그렇게 성장하기 때문입니다.

그러니, 실수에 대한 창피함이나
미련(未練, 감정이나 생각을 딱 끊지 못함, Regret)은
최대한 빨리, 과감하게 지워 버리시기 바랍니다.

그렇지 않으면 위축된 상태에서
또 다른 실수를 범하게 될 가능성이 높기 때문입니다.

그러니 업무에 도움이 되지 않는
감정은 과감하게 비워 버리고
실수로부터 얻은 레슨(Lesson, 교훈)을
각골명심(刻骨銘心, 뼈와 마음에 새기다)하시기 바랍니다.

28. 집에 가서 울어라.

직장 생활을 하다 보면, 정말 너무 힘들어서
울고 싶을 때가 있습니다.

그런데 절대, 업무 때문에, 사무실에서 울지 않길 바랍니다.

왜냐하면,
그러면 '프로답지 못하다'는 말을 듣게 되기 때문입니다.

"쟤 운다", "쟤 또 운다", "쟤는 뻑하면 우네" 등등

이런 말을 듣고 싶지 않다면,
꾹 참고 있다가 집에 가서 울어야 합니다.

사실, 우는 후배들을 보면 안타깝기도 합니다만,
그렇다고 달라지는 것은 없습니다.

회사는 전쟁터입니다.

참고로, 좋은 일로 회식을 할 때에도 울면 안 됩니다.
그러면 '주사(酒邪) 있는 사람'으로
낙인이 찍힐 수도 있기 때문입니다.

29. 사의(謝意)를 숨쉬듯이 구사하라.

사회생활을 잘하려면,
'고맙습니다', '감사합니다', '죄송합니다'와 같은
사의(謝意, 감사하게 여기는 마음, 사죄하는 마음)의 표현을
숨쉬듯이, 자연스럽게,
습관처럼 사용할 수 있어야 합니다.

사실 이런 표현들은
진심을 담지 않고
겉으로만 공손한 척하며 내뱉어도
매너가 좋다는 말을 듣게 되며,
상사님들의 욕이나 잔소리를
즉시 멈추게 할 정도의 힘도
가지고 있답니다.

물론, 이를
진심을 담아 표현한다면
그 효과는 훨씬 배가(倍加, Doubling)될 것입니다.

30. 모든 일을 앉아서 하지 마라.

'사무직(事務職, Office job)'이라고
모든 일을 앉아서 해결할 수 있다고
착각해서는 안 됩니다.

왜냐하면,
사무직은 주로 사무실에서 근무를 한다는 의미이지
사무실에서만 근무를 해야 한다는 의미는
아니기 때문입니다.

물론, 단순한 일들은
앉은 자리에서도 얼마든지
처리할 수 있을 것입니다.

그러나, 그렇지 않은 일들은
이왕이면 현장에 나가
직접 듣고 눈으로 확인한 후
마무리하는 것이 더 좋습니다.

왜냐하면,
그래야 윗분들이 원하는 수준의 퀄리티(Quality)가
확보될 것이기 때문입니다.

예를 들면,

신제품 출시 후

현장(주로 판매자와 소비자) 반응을 보고 드릴 경우

직접 발로 뛰지 않고

책상에서 취합한 정보만을 보고 드린다면

윗분들의 뜨뜻미지근한 반응을 보게 될 가능성이 높습니다.

왜냐하면,

그 정도 수준의 정보들은

이미 윗분들(팀장 이상급)도

자체 정보망을 통해

확보했을 가능성이 높기 때문입니다.

그래서 만약, 당신이

현장을 직접 발로 뛰며 수집한 정보들로

보고서를 작성한 후

윗분들에게 보고 드린다면

기대 이상의 칭찬을 듣게 될 가능성이 높습니다.

왜냐하면,

그분들에게 진짜 도움이 되는 정보들은

그분들도 쉽게 구할 수 없는

즉, 그분들도 발품을 팔지 않으면 얻을 수 없는

정보들이기 때문입니다.

31. 앉아서 손님을 맞지 마라. ───────

요즘은 임원(任員, Executive)이
실무자를 찾아가 말을 걸어도
대부분이 자리에 앉아서 대답합니다.

그런데 이런 행동을 당연하게 생각해서는 안 됩니다.

그리고 남들은 그러더라도,
당신까지 그럴 필요는 없습니다.

왜냐하면,
회사는 인별(人別)로 평가되는 조직이기 때문입니다.

만약 누군가 당신을 찾아와 말을 건네면,
설사 그 사람이 당신의 까마득한 후배이더라도,
하던 일을 멈추고 자리에서 일어나
무슨 일인지 공손(恭遜, 예의가 바르고 겸손함)하게
이유를 물어보시기 바랍니다.

그리고 혹시
이야기가 길어질 것 같으면
의자를 마련해드리거나

회의실로 자리를 옮기는 것이 좋습니다.

그러면 아마도 당신은
회사에서 손꼽히는
'예의 바른 사람'이 될 것입니다.

그리고 가정교육을 잘 받았다는
말도 듣게 될 것입니다.

물론, 당신도 당연히
다른 분들에게 그와 같은 대접을 받게 될 것입니다.

잊어버리시면 안 됩니다.

당신을 찾아온 그분도,
당연히,
당신의 평판(評判, Reputation, Value)을
결정할 수 있는 사람이라는 것을…

32. 함부로 말을 놓지 마라.

예전에는 선배님들이 모든 것을 해결해줬습니다.

그분들은 늘 선생님 같았고
큰형님 같았고, 부모님 같았습니다.

그분들은 소소한 직장 예절부터
업무에 대한 기본기나 노하우까지 아낌없이 알려주셨습니다.

그리고 실수를 해도 책망(責望, Blame)보다는 책임을 져주셨고
밥과 술도 사 주시며 인생에 대한 조언도 아끼지 않았습니다.

물론, 야근이나 회식으로 늦어지면 차비도 챙겨 주시고
휴가 때 용돈도 챙겨 주셨습니다.

그래서 반말을 해도 전혀 기분이 나쁘지 않았습니다.
아니 오히려 그게 더 편하고 좋았습니다.

만약, 당신도
후배들에게 위와 같이 해줄 수 있다면
마음껏 반말을 하셔도
절대 꼰대(こんでぃ, 옛날 사람)라는 말을 듣지 않을 것입니다.

33. 남이 아닌 자신과 경쟁하라.

회사라는 조직에서는
남들보다 '조금 앞서간다'고
아니면 '조금 뒤처졌다'고
일희일비(一喜一悲)할 필요가 없습니다.

왜냐하면,
모두 다 처해진 상황도 다르고
운명(運命, 팔자, Destiny)도 다르기 때문입니다.

그러니 학교에서나 하던,
남들과의 과도한 '도토리 키 재기'는
이제 그만하시기 바랍니다.

어차피 갈 길이 다 다르고
성공의 정의나 척도(尺度, Measurement)도 다 다릅니다.

인생은 그저 '자신과 경쟁하는 게임'입니다.
자신의 나태(懶怠, Laziness)함과
합리화(自己合理化 Self-justification)와 경쟁하는 게임!

34. 일을 많이 하는 게 늘 손해는 아니다. ──────

길게 보면(장기적인 관점, Long-term perspective),
남들보다 일을 많이 하는 게 반드시 손해만은 아닙니다.

왜냐하면,
이런 수고들은, 장기적으로,
대부분 승진, 연봉, 이직 등으로 보상되기 때문입니다.

왜냐하면,
대부분의 조직원들이
자신보다 업무를 훨씬 더 많이 해본
업무 경험이 자기보다 더 많은 사람이
리더(팀장 이상의 레벨)가 되주기를 갈망하기 때문입니다.

그리고 물론, 회사의 윗분들도
언제나 자신들의 부족함을 채워줄
충분한 실무 능력을 보유한
베테랑 팀원(= 부하)들을 찾기 때문입니다.

그래서 일을 많이 하는 사람들은
워라벨(Work and Life Balance)을 성실하게 챙기는 분들과는
좀 다른 삶(Career)을 살게 되는 것입니다.

35. 늘 공부하라.

내공(內功)이 있는
인사이트(Insight, 통찰력)를 보유한
배울 게 있는 선배(先輩)가 되기 위해서는
…
조금 잔인한 말 같지만
계속, 꾸준하게,
끊임없이 공부해야 합니다.

즉, 그런 선배가 되기 위해서는
직위나 직책과 상관없이
실무를 계속 쥐고 있어야 하며
업무 관련 지식과 정보들도
계속 업그레이드(Upgrade)해야 합니다.

그리고 매일
신문(해당 산업 관련 기사 포함)도 꼼꼼하게 읽고
주기적으로 국내·외의 관련 학회나
협회에서 나온 자료들도
들춰봐야 하며
주요 경쟁사들의 동향(動向, Movements, Trends)도
늘 모니터링(Monitoring)해야 합니다.

물론, 대중들에게 인기 있는
영화나 드라마 등의
대중매체(大衆媒體, Mass media)들과
여러 분야의 도서들도
두루두루 섭렵(涉獵)해야 합니다.

그래야 후배들이
"배울 게 없는 선배"라고
욕하지 않을 것이기 때문입니다.

이렇게 평생동안
공부해야만 생존할 수 있다는 것을
조금 일찍 알았다면
학창시절(學窓時節, 신분이 학생이던 시절)을
좀 더 현명하게 보냈을 것 같습니다.

앗! 집안일을 빼먹었군요.

This page intentionally left blank.

제6장

자기계발/개발은
선택이 아닌 필수

다 같은 하루를 사는 게 아니다.
물론, 그래서 나중에 큰 차이가 나는 것이다.

제6장 자기계발/개발은 선택이 아닌 필수

조직생활에 몰입(沒入, Deep dive)하다 보면 자기의 직무와 관련이 없는 자기계발이나 개발(이하 자기계발로 통칭)에 소홀해지게 됩니다. 왜냐하면, 시간이 늘 부족하다고 생각하기 때문입니다.

그래서 심지어, 회사가 무상(無償, Free of charge)으로 제공하는 다양한 자기계발 프로그램을 '강 건너 불구경'하듯 바라만 보기도 합니다.

그러나 이런 상태(狀態, Stance)가 계속되면 나중에 크게 후회하게 될 가능성이 높습니다. 왜냐하면, 자기계발에도 다 때가 있기 때문입니다.

그러나 안타깝게도 많은 분들이 자기계발을 '나중에 필요할 때'나 '짬이 날 때' 시작해도 늦지 않을 거라 생각합니다. 즉, 자기계발을 아무 때나 할 수 있을 거라고 착각(錯覺, Misunderstand)합니다.

그러나 불행하게도 현실은 절대 그렇지 않습니다. 다른 일들도 이와 비슷하겠지만 '필요할 때에 시작하는 것'은 대부분 '때늦은 후회'와 '필요 이상의 비용'을 동반할 뿐입니다.

그리고 나이가 들수록(제 경험상 40세 이후) 체력과 집중력이 현저하게

약해져서 배우고 싶어도 배울 수 없는 것들도 많아집니다.[27]

아무튼 그래서 이왕이면 사회 초년생일 때부터 자기계발에 관심을 가져야 합니다. 이용할 수 있는 모든 기회들을 최대한 활용해야 합니다.

부모님은 대학에 가면 공부가 끝날 것처럼 말씀하셨겠지만 현실은 그렇지 않습니다. 공부는 평생해야 합니다. 왜냐하면, 대학만 나오면 모든 게 해결됐던 시대는 이미 오래전에 끝났기 때문입니다.

지금은 우리를 둘러싼 모든 것들이 과거와는 비교할 수조차 없을 정도로 빠르게 변화하고 있습니다. 어제 배웠던 새로운 지식이 오늘은 역사가 되는 것도 일상이 됐습니다. 그래서 한 분야의 지식만으로는 쉽게 한계에 봉착하게 될 가능성이 매우 높습니다. 결국 계속해서 새로운 지식을 습득(習得)하지 않으면 나이에 상관없이 바로 도태될 수밖에 없는 세상이 된 것입니다.

자기계발 vs. 자기개발

○ 자기계발(自己啓發): 잠재된 슬기나 재능 따위를 극대화시키는 것
  ▪ 계발(啓發): 슬기나 재능, 사상 따위를 일깨워 줌

○ 자기개발(自己開發): 기술이나 능력을 발전시키는 일
  ▪ 개발(開發): 지식이나 재능 따위를 발달하게 함,
    토지나 천연자원 따위를 유용하게 만듦

---

[27] 그래서 그런지 정부의 직업교육지원도 주로 젊은 층에 포커스가 맞춰져 있습니다.

01. 당신의 계발 따위에는 관심 없다. ──────────

사실…, 누구도 당신의 계발 따위에는 관심이 없습니다.
다들 제 코가 석자이기 때문입니다.

상사들도 자기들이 언제 제거될지 모르기 때문에
자기계발 보다는, 팀원 모두 공백 없이
그날그날의 업무에 최선을 다해줄 것을 바랄 뿐입니다.

물론, 회사가 늘 이렇게 삭막했던 것은 아닙니다.
과거에는 후배들의 성장도
상사들의 능력을 결정하는 매우 중요한 요소였습니다.

그러나 몇 번의 경제 위기(經濟危機, Economic Crisis) 이후
상황은 완전히 달라졌습니다.

하루하루 살아남기도 힘들어졌기 때문입니다.

그래서 이제는 당신 스스로, 알아서 성장해야 합니다.

회사나 상사를 맹신하지 말고
적극적으로 정보를 모으고 고민해서
스스로를, 장기적인 관점에서, 계발해 보시기 바랍니다.

02. Maintaining a Long-term Perspective!

자기계발은,

즉흥적으로 하는 것보다는,

이왕이면

장기적인 관점[28](長期的 觀點, Long-term Perspective)에서,

긴 호흡으로, 계획하고 실행하는 것이 좋습니다.

왜냐하면,

그래야 시간과 비용 낭비를 최소화할 수 있기 때문입니다.

그리고 동시에 자신의 인생도

좀 더 멀리 바라보게 될 것이기 때문입니다.

물론, 효과적인 과정관리(過程管理, 또는 성과관리)를 위해

기간을 좀 더 세분(예를 들면 5년 단위로)해서 계획을 세우고

성과도 주기적으로 측정하는 것이 더 좋습니다.

왜냐하면,

그러면 더 큰 성취감과 자신감을

얻게 될 것이기 때문입니다.

---

[28] '장기적 관점'에서 장기(長期)라 함은 최소 10년 이상을 의미합니다.

03. 동기와 목표가 중요하다.

무슨 일을 계획하든
동기(動機, Motive)와 목표(目標, Goal)가 명확해야 합니다.

그래야 '무엇을 해야 하는지'가
보다 명확해지기 때문입니다.

그리고 더불어
'그것이 진짜 필요한 일'인지도
점검(點檢, Check)할 수 있게 되기 때문입니다.

그래서 막연하게
자기계발을 하기 위해 '어떤 것을 하겠다'라는 결심보다는
먼저 '동기와 목표를 구체적으로 정의'하고
여기에 세부 계획(細部計劃, Details, Action Plan)들을
추가해 나가는 것이 좋습니다.

물론, 이후에 사정(事情, 일의 형편)이 변경되면
당황하지 마시고
세부 계획(예를 들면, 일정이나 방법 등)은 물론
동기와 목표도 상황에 맞게,
유연하게, 조정하면 될 것입니다.

04. 지금 당장 시작하라.

시행착오(試行錯誤)를 좀 하더라도
자기계발은 지금 당장(當場, Right away) 시작해야 합니다.

자기계발을 머릿속으로만 하면 곤란합니다.
그러면 해 본 것 없이 나이만 먹게 됩니다.

인생은 짧습니다.

그리고 지금의 젊음이 계속되지도 않습니다.

나이가 들수록
체력과 집중력(학습능력 포함)은 추락(墜落, Fall)하고
늘 어제가 최상의 컨디션이 됩니다.

게다가 단순히 나이라는 숫자 때문에
도전할 기회조차
주어지지 않는 것들도 정말 많습니다.

그러니 하고 싶은 것이 있다면
지금 당장 시작해야 합니다.

05. 은퇴 이후 삶에 도움이 되면 더 좋다.

요새는 젊은 분들에게도
'은퇴(隱退, Retirement)'라는 것이
생소하게 느껴지는 단어는 아닐 것입니다.

왜냐하면,
과거처럼 은퇴를
꼭 나이 순서대로 해야만 하는 것도 아니고,
커리어 중간중간에
'간헐(間歇, Intermittence)적 은퇴'도
가능하기 때문입니다.

그래서 자기계발은
은퇴(간헐적 은퇴 포함) 이후의 삶에
조금이라도 도움(특히 경제적으로)이 되는 것이 좋습니다.

아시는 바와 같이, 일반적으로,
사무직은 은퇴(퇴사 포함)를 하면
모든 것을 내려 놓고
다시 빈 손으로 시작할 수밖에 없기 때문입니다.

06. 외국어 공부에 인생을 낭비하지 마라.

지금 당장
외국어 능력이 반드시 필요한 직무가 아니라면
더 이상 외국어를 공부하기 위해
돈이나 시간을 낭비하지 않았으면 합니다.

지금까지 해도 안 됐다면, 앞으로도 마찬가지입니다.

왜냐하면,
간절(懇切, Desperate)하지도 않은 상황에서
우리나라에 있는 직장에서
우리말로 일하고
우리말로 생활한다면
돈을 아무리 들여 외국어 공부를 해도
효과가 없을 가능성이 상당히 높기 때문입니다.

일반적으로,
평범한 분들의 경우,
외국어 구사능력을 향상시킬 수 있는 방법은
우리 말을 사용할 수 없는 현지에서
사회생활을 하거나(학교 보다는 사회생활이 훨씬 더 효과적)
현지인과 사귀는(동거 및 결혼 포함) 방법 밖에는 없습니다.

왜냐하면,

일반적으로

우리가 필요로 하는 수준(일상생활이나 업무적으로)의

외국어 구사 능력은

생활을 통해서만 습득할 수 있기 때문입니다.

그러니 외국어로 너무 스트레스를 받지 마시고

국내에서의 외국어 공부를

이제 깔끔하게 접고

그 시간과 비용으로

다른 것을 배워보는 것도 좋을 듯합니다.

물론, 제가 이렇게 말씀드리는 이유는

현재 AI 기반의 통번역시스템이

일반인들의 상상 이상으로

발전하고 있기 때문이기도 합니다.

그래서 지난 몇십 년간 당신을 괴롭혔던

외국어로 인한 스트레스는

아마도 곧 역사 속으로 사라질 가능성이 높기 때문입니다.

07. 회계 공부는 필수이다.

많은 분들이
회계(會計, Accounting)를 수학이라고 오해합니다.

심지어 경영학을 전공한 분들도…

물론, 회계장부나 재무제표(財務諸表)를 얼핏 보면
숫자가 가득 차 있기 때문에 그렇게 보일 수도 있습니다.

그러나 회계는
수학(數學)이라기보다는
산수(算數, 특히 사칙연산)에 가깝습니다.

그럼에도 불구하고,
많은 분들이 회계를 두려워합니다.

아마도 이것을
제대로 공부해보지 않았기 때문일 것입니다.

회계를 두려워하는 분들에게는 죄송하지만
회계는 반드시 공부해야 하는 과목 중 하나입니다.

왜냐하면,
회계 지식(또는 회계 마인드)이 없으면
비즈니스를 제대로 이해할 수 없기 때문입니다.

그리고 직위가 올라갈수록(특히 팀장 이상)
본인의 한계를 정말 확실하게 느끼게 될 것이기 때문입니다.

참고로, 회계 과목은 일반적으로
회계원리, 중급회계, 고급회계, 세무회계,
원가회계, 관리회계, 정부회계 등으로 나눠지며
이 중 회계원리, 중급회계, 원가관리회계는
반드시 공부하는 것이 좋습니다.

그리고 회계를 공부하실 때에는
독학보다는
학점이 인정되는 교육기관의 강의(특히 온라인)나
회계 전문학원의 강의(자격증 준비반의 온라인 강의)를 듣고
단기간에 1회독을 하는 것이 좋습니다.

물론, 이렇게 공부한 이후
회계 용어나 콘셉트(Concept, Mind)가
어느 정도 익숙해질 때까지
주기적으로 복습해야(1년에 한 번 정도)
회계 마인드(Mind)가 제대로 자리잡게 될 것입니다.

08. 경제학원론과 경영학은 기본이다.

사회생활(직장생활 포함)을 하고 계시다면,
경제학원론(經濟學原論)은 반드시 읽어 보셔야 합니다.

특히, 경제나 경영을 전공하지 않은 분이시라면
그 내용이 익숙해질 때까지
매년 한 번씩은 보셨으면 합니다.

물론, 고등학교까지의 정규교육과정을
정상적으로 마친 분이라면
경제학원론(The principles of economics)의 내용이
그렇게 생소하거나 어렵게 느껴지지는 않을 것입니다.

더불어, 경영 관련 과목(인사 및 조직관리, 재무관리, 마케팅 등)들도
미리미리 공부해두시는 것이 좋습니다.

물론 이 과목들은,
회계와 마찬가지로, 독학보다는
온라인 과정이라도 전문가의 강의를 듣고
단기간에 1회독을 하는 것이 좋습니다.
그리고 학점까지 인정받을 수 있다면 더 좋을 것입니다.

09. 노동법 지식은 생존과 직결된다. ─────────

전공이나 직무와는 별개로,
노동법(勞動法)은 반드시 공부하셔야 합니다.

참고로, 노동법이라 함은
노동관계를 규율(특히 사용자)하는 여러 법령들을
총칭(總稱, 전부를 한데 모아 두루 일컬음)하는 용어이며,
여기에는 근로기준법(약칭 근기법),
노동조합 및 노동관계조정법(약칭 노조법),
노동위원회법 등의 다양한 노동 관련 법령들이 포함돼 있습니다.

물론, '법(法)'이라서
이해하기 어려울 것이라고 생각하실 수도 있지만
이들 대부분은 생각만큼 어렵지 않습니다.

왜냐하면,
이의 주요 내용들은 여러분들도 이미
근로계약서, 취업규칙, 단체협약 등을 통해
최소 한 번 이상은 접해 보셨을 것이기 때문입니다.

그러니 너무 부담 갖지 말고 한번 공부해 보시기 바랍니다.
그러면 반드시 큰 도움을 얻게 될 것입니다.

10. 새로운 트렌드와 담을 쌓지 마라.

새로운 트렌드(디지털 등 첨단 기술, 소비자, 비즈니스모델 등)에 관해서는,
특히 본인의 업무나 미래(은퇴 이후)와 관련된 것들은,
지속적으로 관심을 가져야 합니다.

왜냐하면,
과거와 달리, 우리를 둘러싼 모든 것들이
엄청나게 무서운 속도로 변화하고 있기 때문입니다.

그래서 은둔형 외톨이처럼 사회와 담을 쌓고
평생을 살아갈 게 아니라면
이런 트렌드들을 놓치지 않기 위해
부단히 노력해야 합니다.

그리고 필요하다면,
돈을 들여(自費)서라도 교육을 받아야 합니다.

왜냐하면,
이들에 대해 무관심해지는 순간,
즉 꾸준하게 팔로우업(F/U, Follow up)하지 않아서
시대의 흐름을 놓치게 되는 순간,
바로 구세대(舊世代, Old generation)가 돼 버리기 때문입니다.

11. 자격증은 한 살이라도 어릴 때 도전하라.

자격증을 취득하고 싶다면
한 살이라도 어릴 때 도전하는 것이 좋습니다.

왜냐하면,
한때 집중력과 암기력이 좋았던 사람이라도
나이가 들면 집중력과 암기력이
복리(複利, Compound Interest)로 추락하기 때문입니다.

그래서 사회생활 중에
자격증 취득을 위한 공부를 시작하신다면
1회독(回讀)을 하실 때, 시간이 좀 걸리더라도,
반드시 '요약(要約, Summary) 노트'를 만들어야 합니다.

왜냐하면,
어차피 나이가 들수록 단기 암기력에
사활(死活, Pass or Fail)을 걸어야 하기 때문입니다.

참고로 자격증은
취업 중에만(회사에 소속돼 있을 때에만) 활용할 수 있는 것보다
퇴사 이후에도 활용할 수 있는 것
(즉, 개업이 가능한 것)이 훨씬 더 좋습니다.

12. 상급학교 진학은 좀 더 현명하게

지금 고졸(高卒자)자로 직장생활을 하고 계시다면,
대학에 진학하실 것을 추천 드립니다.

이런 경우에는, 일반적으로,
정규대학의 야간과정에 입학하는 것이 쉽고 좋으나
상황에 따라 방송통신대, 사이버대(또는 온라인과정),
또는 독학사(獨學士, 일종의 학사 검정고시)가
더 좋을 수도 있습니다.

다만, 유학을 가는 것이 아니라면,
회사를 그만 두고(= 퇴사)
학교에 올인(Full-time student)하지는 않았으면 합니다.

왜냐하면,
일반적으로 대학이
그 정도로 투자 가치가 있는 것은 아니기 때문입니다.

그리고 대학원(석사과정)에 대해 말씀드리면,
우선, 대학원에 대한 너무 큰 기대는
하지 않는 것이 좋습니다.

물론, 전공에 따라 조금 다를 수도 있겠지만
어디까지나 학교는 학교일 뿐입니다.

그래서 어느 대학원이든
가보시면 바로 실망할 가능성이 높습니다.

그리고 자기계발이나 커리어 개발이 아닌
학벌(學閥, University Ranking or Name)에 대한
열등감(劣等感, Inferiority complex)이나
인맥을 쌓기 위한 대학원 진학은
사실 돈 낭비가 될 가능성이 높습니다.

그러니 조직의 승진 요건을 맞추기 위한 목적이라면
나쁘지 않은 투자가 될 것입니다.

물론, 이 경우에는
학위가 쉽게 나오는 곳(?)을 잘 선택하셔야 합니다.

더불어 대학원은
퇴사를 하지 않고 다닐 수 있는 과정(야간, 주말, 온라인)을
선택하시는 것이 좋습니다.

왜냐하면,
석사나 박사학위를 취득해도,

커리어상, 별 볼 일 없는 경우가 대부분 이기 때문입니다.

그래서 풀타임(Full-time)과정을 선택하더라도
퇴사보다는
휴직제도를 이용하는 것이 더 좋습니다.

그리고 만약,
커리어를 업그레이드하기 위해
해외 대학원에 진학할 계획이라면
논문을 제출하지 않는 과정(MBA 등)이나
100% 온라인 과정도
고려해보시기 바랍니다.

마지막으로,
위에서 언급한 방송통신대, 사이버대, 독학사 등으로
학사학위를 취득한 경우에는
석사과정(특히, 논문과정)에 진학하시는 것이
경력에 좀 더 도움이 될 것입니다.

물론, 위의 내용에 대해서는
다른 분들의 의견도 꼭 들어 보시기 바랍니다.

13. 매력적인 스타일도 경쟁력이다.

누구나 매력적인 사람과 일하고 싶어합니다.

왜냐하면,
그것이 바로 인간의 본성(本性, Nature)이기 때문입니다.

'매력(魅力, Attraction, Attractiveness)'이란,
사전적으로,
'사람의 마음을 사로잡아
끌어들이는 힘'으로 정의됩니다.

이를 좀 더 풀어서 말씀드리면,
매력이란
단순히 타고난 외모만을 말하는 것이 아닌
시각적, 청각적, 후각적, 정신적 등의 다양한 측면에서
다른 사람들의 마음을
'훅' 끌어당기는(또는 끌어들이는) 힘(또는 스타일)을 의미합니다.

그래서 매력적인 사람은, 일반적으로,
언제 어디에서나
다른 사람들의 호감(好感)과
긍정적인 관심을 얻게 되는 것입니다.

그리고 아시겠지만
이런 힘(또는 스타일)은
사적인 인간관계에서는 물론
공적인 인간관계(Business Relationship)에서도
상당히 강력한 무기가 됩니다.

타고난 외모는 어쩔 수 없겠지만,
매력적인 스타일은 그렇지 않습니다.

왜냐하면,
매력적인 스타일은
누구나 노력하면
만들어 낼 수 있기 때문입니다.

14. 딕션(Diction)이 생각보다 중요하다.

같은 말을 하더라도
딕션(명확한 발음을 듣기 좋은 톤으로 전달하는 것)이 좋으면,
'실제보다 훨씬 더'
스마트한 사람으로 인식될 가능성이 매우 높습니다.

그래서 가능하다면
딕션을 좋게 만들기 위해 노력해야 합니다.

물론, 필요하다면 전문가의 도움을 받는 것도 좋습니다.

참고로 저는 거울 앞에 서서
상당히 오랜 시간동안
여러 톤으로 책을 읽습니다.
독서와 딕션, 두 마리의 토끼를 한 번에 잡기 위해…

참고: 딕션(Diction)이란?

○ 정확성과 유창성을 두루 갖춘 발음(우리말샘)
○ 발음, 발성법, 어조, 말씨, 용어의 선택 등(다른 여러 사전들)
○ The manner in which words are pronounced.(Cambridge Dictionary)

15. 악기와 운동은 한 가지씩 꼭 배워라.

악기(樂器)와 운동(運動, 반드시 스포츠가 아니어도 됨)을
한 가지씩 제대로 배워두시면
도움이 될 때가 많습니다.

물론, 이들을 처음 시작할 때에는
이왕이면 전문가에게 배우는 것이 좋습니다.

왜냐하면,
모든 일은 기본기가 정말 중요하기 때문입니다.

그리고 사람에 따라 다를 수도 있지만
격기(格技, 格鬪技, 두 사람이 맞서 격투를 벌여 승패를 가리는 경기)를
배울 때에는
특히 부상(負傷, Injury)에
주의하시기 바랍니다.

왜냐하면,
평생 사용해야 할 몸이기 때문입니다.

16. 크리에이티브(Creative)에 초점을 맞춰라.

가능하다면,
무엇인가를 만들어내는 분야(Creative, 창조적 등)에
미리미리 공(功, 노력, 계발 및 개발)을 들이는 것이 좋습니다.

왜냐하면,
그렇지 않은 분야는
진입장벽(進入障壁, Entry Barriers)이 상대적으로 낮아
누구나 언제든지,
시간과 돈만 좀 들인다면, 단기간에
당신과 비슷한 수준으로
아니면 당신보다 더 나은 수준으로
퍼포먼스를 만들어 낼 것이기 때문입니다.

그리고 그런 분야는
조만간 AI(Artificial Intelligence, 인공지능) 등의 첨단 기술들로
대체될 가능성도 상당히 높기 때문입니다.

그러나 창의적인 분야는
다른 사람들이 쉽게 카피하기도 어렵고
AI 등의 첨단 기술들과의 경쟁에서도
아직은 쉽게 밀리지 않을 가능성이 높습니다.

물론, 이런 영역을 발굴하기가 쉽지는 않습니다.

그래서 아주 새로운 분야를 찾는 것보다는
현재 많은 사람들이 뛰어든 분야라도
시장 규모(Market Size)가 크고
차별화가 가능하다면
한번 도전해보시는 것도 나쁘지 않을 것입니다.

왜냐하면,
세상에 버릴 경험은 없고
또 언제 어디에서
일생일대(一生一大)의 기회를 얻게 될지
아무도 알 수 없기 때문입니다.

참고: 크리에이티브(Creative)란?

○ 창조적인, 창조력이 있는
○ 창의적인, 창의력이 있는, 창의적인 사람
○ 창작적인, (창작 활동을 하는) 작가
○ 독창적인, 독창적인 사람

17. 어떻게 기억되고 싶은지를 결정하라.

인간이라면 누구에게나,
다른 사람들에게,
어떻게 기억(記憶, Remember)될지를
결정할 수 있는 기회가 주어집니다.

특히, 은퇴 이후나 사후(死後, After death)에 어떻게 기억될지를…

젊을 때에는 인생이 영원할 것 같지만
우리 모두는 그저 유한한 삶을 살다 갈 뿐입니다.

그래서 전문경영인인 '대표이사 정도전'이나
전문자격 보유자인 '변호사 홍길동'과 같이 기억되고 싶은지
아니면 '조금 다른 방식'으로
기억되고 싶은지를 고민해 봐야 합니다.

그리고 그 답을 찾게 된다면
자신을 그렇게 계발(또는 개발)해 나가시면 됩니다.

동물과 달리, 인간은 누구나
자신이 어떻게 기억될지를 결정할 수 있는
'충분한' 시간과 기회가 주어지기 때문입니다.

This page intentionally left blank.

제7장

조금 덜 험난하게
사는 비법들

"힘난하지 않은 삶은 없다.
그러나 그렇다고 꿀팁이 없는 것은 아니다."

제7장 조금 덜 험난하게 사는 비법들

상황에 따라 다를 수도 있겠지만, 일반적으로 사회생활(社會生活, Social Life, Career Life)은 그 누구에게도 '절대' 만만하지 않습니다. 그리고 이런 생활이 주(主, Main part)가 되는 '성인(成人, Adult)으로서의 삶(人生, Life)'도 당연히 힘겨울 수밖에 없습니다.

그런데 정말 다행스러운 점은 '이렇게 힘겨운 삶'을 '좀 더 쉽고 현명하게 살아갈 수 있게 도와주는 팁(Tip, 조언, 비법, 꿀팁 등)'들이 도처(到處, Everywhere)에 널려 있다는 것입니다. 도서(圖書, Book)는 물론 인터넷과 유튜브에도 이에 관한 팁들이 넘쳐납니다. 즉, 손만 뻗으면 언제든지 엄청난 양의 자료들을 얻을 수 있습니다.

문제는, 이런 유(類, Kind)의 자료들이 정말 상상 이상으로 많기 때문에, 막상 필요할 때 나에게 꼭 들어맞는 조언을 찾기 어렵다는 것입니다. 아무리 훌륭한 물건이라도 필요할 때 활용할 수 없다면 무용지물(無用之物, 쓸모없는 것)에 불과할 뿐입니다.

그래서 이왕이면, 평소에 이런 팁들을 좀 꼼꼼하게 읽어(또는 시청해)보고 자신에게 도움이 될 만한 내용들을, 나중에 쉽게 찾아볼 수 있도록,

미리미리 일목요연(一目瞭然, Clear)하게 정리해두는 것이 좋습니다.

저는 이 과정이 매우 중요하다고 생각합니다. 왜냐하면, 이를 통해 내적 성장을 이루는 분들도 많기 때문입니다. 즉, 이는 다른 사람이 만든 팁들을 단순히 정리하는 일이 아니라 간접 경험치를 상승시키는 과정이라고 이해하시면 좋을 듯합니다.

물론, '경험만큼 값진 것은 있을 수 없다', '모든 사람의 상황이 동일할 수 없다'며 이런 유의 팁들을 거부하는 분들도 계십니다.

그러나 아무리 그렇더라도 매사(每事, Everything) 너무 정공법(正攻法, 정면으로 돌파하는 방법)만을 고수하지는 않았으면 합니다. 왜냐하면, 그러면 인생이 필요 이상으로 힘들어지기 때문입니다.

그래서 저는 이런 꿀팁들의 도움을 빌리는 것도 아주 중요한 경험이라고 생각합니다. 왜냐하면, 그래야 여분(餘分)의 에너지를 좀 더 중요하고 필요한 곳에 투자할 것이기 때문입니다.

그래서 저도 여러분의 삶에 조금이라도 도움이 될만한 몇 가지 비법들을 이 장(章, Chapter)을 통해 공유해 드리고자 합니다. 조금 조심스럽지만, 그래도 여러분에게 꼭 필요한 자료가 됐으면 하는 바람을 가져봅니다.

01. 월급 외의 수입원을 만들어라.

대부분의 직장인들이
주수입원(主收入源, Main Source of Income)인
월급(月給, Monthly pay)에만 의존합니다.

그래서 이게 끊기게 되면
경제적으로 상당히 힘든 상황에 처하게 됩니다.

그럼에도 불구하고, 이에 대한 대안을
강구(講究)하지 않은 분들이 생각보다 많습니다.

물론 과거처럼 사회와 경제가 성장하던 시절에는,
다른 일을 쉽게 찾을 수 있었기 때문에,
그럴 필요가 덜했겠지만
지금은 '절대' 그런 시기가 아닙니다.

우리는 지금 '돈이 없으면'
'바로 죽어야 하는 시대'에 살고 있습니다.

그래서 부탁드리건대
월급 외의 수입원(즉 부수입원)을
반드시 만들어 놓길 바랍니다.

참고로, 제가 생각하는
좋은 부수입원(副收入源) 거리가 되기 위한 몇 가지 조건들을
아래의 박스를 통해 공유해드립니다.

혹시, 이 조건들을 보시고도
딱히 생각나는 부업거리가 떠오르지 않는다면
애드센스를 연계한 블로그(Blog)나
유튜브를 운영해 보는 것도 좋을 것 같습니다.

참고: 좋은 부수입원 거리가 되기 위한 조건들

① 　주수입원 활동에 부담이 되지 않아야 함
② 　초기 투자금이 없거나 아주 낮아야 함
③ 　아무 때나 어디에서나 할 수 있는 일이어야 함
④ 　나이와 상관없이 꾸준하게 할 수 있는 일이어야 함
⑤ 　(사무실 없이) 모바일, 온라인으로 할 수 있어야 함
⑥ 　(직원 없이) 혼자 할 수 있는 일이어야 함
⑦ 　지인들을 괴롭히지 않는(부탁 등) 일이어야 함
⑧ 　단발성보다는 누적 효과(= 축적되는 일)가 있는 일이어야 함
⑨ 　수입(많고 적음을 떠나)이 지속적으로 발생해야 함
⑩ 　합법·도덕적이고 사회에 누가 되지 않아야 함

02. 외로움과 친구가 돼라.

인간은 원래 외로운 존재입니다.
당신만 외로운 것이 아닙니다.

친구가 아무리 많아도
결혼을 하고 2세들이 태어나도
큰 조직의 리더가 돼도
돈을 많이 벌어도
외로움으로부터 벗어날 수 없습니다.

그리고 오늘만 외로운 것도 아닙니다.
내일도, 모레도…
나이가 들수록
건강이 약해질수록
점점 더 외로워질 것입니다.

그러니 '인생은 외롭다'는 것을 인정하고
차라리 외로움과 친구가 되는 방법을
찾아보시기 바랍니다.

사실 이게 최선(最善, Best plan)입니다.

03. 인성이 가장 중요하다.

아무리 일을 잘하고
재능이 뛰어나도,
아무리 돈(권력 포함)이 많고
외모가 매력적이어도
인성(人性, 인격, 사람됨)이 좋지 않으면
누구에게도 환영(歡迎)받기 어렵습니다.

아니, 좀 더 신랄(辛辣, 매섭고 날카롭다)하게 표현하자면
환영은커녕 사람 대접도 받기 힘들 것입니다.

왜냐하면,
인성이 좋지 못한 이들의 언행(言行)은
언제나 크고 작은 갈등이나 문제의
시발점(始發點, Trigger)이 되고
늘 주변 사람(직장 동료 포함)들에게
크고 작은 상처를 남기기 때문입니다.

그래서 인성이 좋지 못한 이들에게는
호시탐탐(虎視眈眈, 범이 먹이를 노린다)
공격의 기회를 노리는 적(敵, Enemy)들이
많을 수밖에 없습니다.

04. 껍질로 사람을 판단해서는 안 된다.

껍질(주로 겉으로 드러나는 외적인 요소들)로
사람의 가치나 능력(특히, 실무능력)을
판단해서는 안 됩니다.

즉, 사람의 가치나 능력을
그 사람의 '사회적 지위'나 '직업',
'자동차'나 '자산 규모(특히, 건물 등 부동산)',
'학벌'이나 '학력 수준',
그리고 '외모'나
'몸에 걸치고 있는 것'들을 기준으로
섣불리 판단해서는 안 된다는 것입니다.

사람의 가치나 능력은 언제나
현재(現在) 그 사람의 '언행(말과 행동)',
'다른 사람(특히 '을')이나 일을 대하는 태도',
'옳고 그름을 판단하는 양심',
'상식적인 사고능력',
'객관적인 실력이나 성과'를 기준으로
판단해야 할 것입니다.

05. 돈만큼 중요한 것들이 많다.

요즘은 많은 사람들이 돈에 미쳐 있습니다.

돈(또는 부동산)을 위해서라면
'전과자(前科者)도 될 수 있고', '국가(또는 기업) 기밀도 팔 수 있고'
'나라의 미래도 팔 수 있다'는 사람들이 적지 않습니다.

이제 우리나라 사람들이 그렇게도 동경하던
'미국식 천민자본주의(賤民資本主義)'가
완전히 뿌리를 내린 것 같습니다.

저는 이런 세상에 맞서
감히 "돈보다 더 중요한 것들이 많다"라는
바보 같은 말을 하고 싶지는 않습니다.

왜냐하면,
지금은 돈이 사람보다 더 중요한 세상이기 때문입니다.

그런데 말입니다… 현실이 아무리 이렇더라도
돈을 인생에서 가장 중요한 것으로 정의해서는 안 됩니다.

그러면 당신도 반드시 그런 대접을 받게 될 것이기 때문입니다.

06. 눈 앞의 작은 이익에 연연하지 마라. ──────

은둔 생활을 하지 않는 이상
인생은 끊임없는 관계의 연속입니다.

그리고 우리나라 사회는 서 너 다리만 거치면
공통분모(쌍방이 모두 아는 사람)를 찾을 수 있을 만큼 좁습니다.

그래서 매사 '눈 앞의 작은 이익'에
연연(戀戀)해서는 안 됩니다.

왜냐하면,
그렇게 살다 보면
자연스럽게 외톨이가 될 수밖에 없기 때문입니다.

인생은 좀 길게 봐야(Long-term perspective) 합니다.

눈 앞의 이익은 누구에게나 매력적이지만
모두가 이것을 선택하지는 않습니다.

왜냐하면,
현명한 사람들은 오늘의 양보(讓步, 손해)가
내일의 기회(機會)라는 것을 잘 알고 있기 때문입니다.

07. 나눔을 생활화해야 한다.

일생을 '자신만을 위해 사는 분'들이 생각보다 많습니다.

그런데 그렇게 살면 사람이 좀 건조해집니다.
인성(人性, Personality)이나 관상(觀相)도 좀 변하게 됩니다.

그리고, 나중에 인지하겠지만,
주변에 지신과 비슷한 사람들만 남게 됩니다.

만약, 이런 삶을 원하지 않는다면
시간을 내서
도움이 필요한 사람을 돕거나
위기에 처한 동물들에게도
관심을 가져 보시기 바랍니다.

시간을 낼 수 없을 정도로 바쁘시다면
매달 기부(寄附, Donation)라도 해보시기 바랍니다.

그러면 지금까지와는 다른
삶을 살게 될 것입니다.

나눔은 '절대' 남을 위한 것이 아닙니다.

08. 세상에 버릴 경험은 없다.

회사에서 선배들이
커피를 타오라고 하더라도…
구두를 닦아오라고 하더라도…
커리어에 전혀 도움이 안 될 것 같은
허드렛일이나 뻔히 보이는 삽질을 시키더라도…
근무하기 싫은 팀이나 지역으로 발령을 내더라도…

그게 노조를 없애라는 등의
불법(不法, Illegal)적인 지시만 아니라면
한번 적당히 견뎌 보시기 바랍니다.

이상하게도
별거 아닌 것 같았던 경험(經驗)들이
나중에 아주 요긴(要緊, Essentially important)하게
사용될 때가 많습니다.

되돌아 생각해보면
세상에는 정말
버릴 경험은 없는 것 같습니다.

09. 통찰력은 루틴에서 나온다. ──────

루틴(Routine, 보통 지루하고 판에 박힌 일)한 일을
하찮게 보는 사람들이 많습니다.

그래서 그런 일을 담당하게 되면
잘 견디지 못합니다.

'스펙이 훌륭한 자기에게 이런 일을 시킨다'며
선배들에게 직접
불만을 토로(吐露)하는 후배들도 많습니다.

그러나 혹시 알고 계신지요?

통찰력(洞察力, Insight)은 '루틴'에서 나온다는 것을…

그리고 업무에 대한
전문성, 분석력, 기획력 등
다른 수많은 경쟁우위(競爭優位)적 요소들도
바로 '루틴'에서 나온다는 것을…

주변에 루틴 없는 낙하산들을 보시면
제 말이 바로 이해될 것입니다.

10. 필요한 실패의 양은 반드시 채워야 한다.

인간은 실패(失敗) 없이 성장할 수 없습니다.

실패의 고배(苦杯, 쓴 술이 든 잔)는
언제나 값진 교훈(敎訓, Lesson)을 새겨 주기 때문입니다.

그래서 누구나
일정 수준 이상으로 성장하기 위해서는
반드시 필요한 만큼의
'실패의 양'이 채워져야 합니다.

그렇지 않고
실패 없이 높은 자리에 오르게 되면
비참한 최후를 맞게 될 가능성이 높습니다.

소년등과(少年登科) 부득호사(不得好死)라는 말이 있습니다.
이는 '소년시절(스무 살이 채 안 된 나이)에
과거에 합격하면 좋게 죽지 못한다'는 뜻입니다.

그러니 현재의 실패(失敗, Failure)가 힘겹더라도
이로부터 얻은 교훈들을 잘 쌓아 올리시길 바랍니다.
그러면 반드시 더 크게 성장할 기회를 얻게 될 것입니다.

11. 평소 언어 사용에 주의하라.

평소 사용하는 언어를 들어 보면
그 사람이 '어떤 삶을 살아왔는지'
그리고 앞으로 '어떤 삶을 살아갈지'를
어느 정도 가늠해 볼 수 있습니다.

물론, 가면(假面, Mask)을 쓰고
자신을 감추려고 노력하는 분도 있겠지만
평소 말하는 습관을 통제하기란
결코 쉬운 일이 아닐 것입니다.

그래서 평소에
어른스러운 언어를 사용해야 합니다.

비속어, 은어, 혐오어 등은 사용을 자제하고
상대방을 배려하고 존중하는 표현들을 생활화해야 합니다.

그렇지 않으면 당신의 가치(이미지나 평판 등)가
실제보다 훨씬 더 낮게 평가될 것입니다.

그리고, 예기치 못한,
법적 책임을 부담하게 될 수도 있기 때문입니다.

12. 어려운 부탁이 아니면 '즉시' 해줘라. ————

인생을 살다 보면
여러 가지로 부탁을 받게 되는 일이 많습니다.

물건을 사달라고 하거나
사람을 소개해 달라고 하거나
돈을 빌려 달라고 하거나
금융상품(예적금, 카드, 펀드, 보험 등)에 가입해 달라고 하거나
'좋아요', '구독', '댓글', '회원가입' 등을 요구하거나…

그런데 만약 이런 부탁들이
당신에게는 별로 부담스럽지 않고
충분히 해줄 수 있을 만한 일이라면(단, 보증은 제외)
승낙을 하자마자, 조건 없이, '즉시' 해주시기 바랍니다.

왜냐하면,
그렇게 해주는 사람들이 거의 없기 때문입니다.

대부분의 사람들은
별로 부담스럽지 않은 부탁임에도…
'해주겠다'는 확약(確約)을 하고도…
즉시 해주지 않습니다.

두 세번 더 부탁을 해야
마지못해 들어주는 경우가 일반적이며,
차일피일(此日彼日) 미루고 미루다
완전히 잊어버리시는 분들도 적지 않습니다.

자신에게 별로 부담스럽지 않은 부탁이기에
'사소한 일'이라고 간주해버린 것입니다.

그러나 부탁을 한 사람의 입장은
이와는 크게 다릅니다. [29]

진짜 필요해서 부탁을 한 것이기 때문입니다.

사실 남에게 부탁을 하는 것이
편한 사람은 없을 것입니다.

그래서 자신의 부탁을 가볍게 여기는 사람들을
분명 다시 보게 될 것입니다.

인생을 살다 보면 누구나
남에게 부탁을 해야 할 때가 있습니다.
그때를 위해 미리미리 저축해두시기 바랍니다.

---

[29] 물론 부탁을 너무 자주 하는 사람은 적당히 거리를 두는 것이 좋을 수 있습니다.

13. 응답은 최대한 빨리하라.

당신이 휴대폰이 없이는
단 1초도 버틸 수 없다는 것을
그래서 항상 손이 닿는 곳에 휴대폰을 둔다는 것을
모르는 사람은 거의 없습니다.

그래서 만약 당신이
메시지(카톡, 문자, 이메일 등)를 받고
매번 답을 늦게 하거나
읽씹(메시지 따위를 읽고 답하지 않음) 한다면
상대방도 그 행동의 의미(眞意)를
오롯이 이해하게 될 것입니다.

그래서 "메시지가 온 줄 몰랐다"와 같은 변명은
당신을 '거짓말까지 잘하는 사람'으로 만들 뿐입니다.

밀당을 하는 것이 아니라면
관계를 끊고 싶은 것이 아니라면
가능한 한 빨리 응답해주는 것이 좋습니다.

왜냐하면,
대부분의 사람들이 그렇게 하지 않기 때문입니다.

14. 감히 남을 평가하지 마라.

사실, 많은 분들이
'평가(評價)하는 것'을 참 좋아합니다.

그래서 일상생활에서조차
'다른 사람'이나 '다른 사람이 해 놓은 일'을
쉽게, 대놓고 "이렇다저렇다" 표현해 버리곤 합니다.

마치 직장 상사(上司, Boss)처럼…

사규(社規)의 위임을 받은 상사가 그렇게 해도
기분이 나쁜데,
아무런 권한도 없는 사람이
이런 말을 뱉는다면…

아마도 매우 위험한 상황에
처하게 될 수도 있을 것입니다.

왜냐하면,
이런 상황(평가를 당하는)을
달갑게 받아들일 사람은 별로 없을 것이기 때문입니다.

15. 남에게 강요하지 마라.

자신의 인생관, 생각 또는 주장 등을
남에게 강요(強要, Push)하는 사람은
그 누구에게도 환영받지 못할 것입니다.

왜냐하면,
상대방을 불편하게 만들기 때문입니다.

이런 사람들은 대부분
자신이 늘
정답(正答, Right answer)이라고 확신합니다.

즉, 사고능력이 어린아이와 비슷하다는 것입니다.

그래서 나이가 들수록
자신이 늘 정답이 아닐 수 있다는 것을
그리고 모르는 것이 많을 수밖에 없다는 것을
깨닫는 것이 중요합니다.

그렇지 않으면
겉은 어른인데 속은 어린이인
외톨이로 살아갈 수밖에 없기 때문입니다.

16. 칭찬은 생각보다 힘이 세다.

칭찬이 대단한 힘을 가지고 있다는 것을
모르는 분은 거의 없을 것입니다.

아마도 그래서
남에게 칭찬을 하지 않는 것 같습니다.

경쟁자인 상대방에게
나를 능가(凌駕, Surpass)할 수 있는 에너지를
충전해주고 싶지 않기 때문입니다.

물론 요즘과 같이 기울어진 경쟁사회에서
이렇게 하는 것을
탓하고 싶은 생각은 없습니다.

그러나 만약 상대방이
경쟁자가 아니라면
칭찬을 적절히
활용해 보시기 바랍니다.

그러면 거의 대부분
여러분의 가치까지 동반 상승하게 될 것입니다.

17. 입이 무거운 친구가 있어야 한다. ─────

아무 이유 없이 연락해
시답잖은 수다를 떨 수 있는 사람이 주변에 있다면
당신은 운이 좋은 사람일 것입니다.

그런데 그가
입까지 무거운 사람이라면
당신은 진짜 운이 좋은 사람일 것입니다.

왜냐하면,
사회생활을 좀 해보시면 아시겠지만
그런 사람을 찾기란
하늘의 별 따기처럼 어렵기 때문입니다.

18. 멘토는 반드시 있어야 한다. ────────

혹시 주변에
사회생활을 포함한 일상적인 일들에 대해
조언을 구할 수 있는 분들이 계시다면
인생을 좀 더 현명(賢明)하게 살 가능성이 높습니다.

왜냐하면,
그분들(이후 멘토)의
다양한 시각(View, 관점, 뷰)이나 노하우 등을
아주 쉽게 배울 수 있기 때문입니다.

그리고 이를 통해
시행착오(試行錯誤)도 크게 줄일 수 있기 때문입니다.

그래서 멘토는
비슷한 연령대 보다는
이왕이면 자신보다 경험이
훨씬 더 많은(최소 10년 정도) 분들로
만드시는 것이 더 좋습니다.

그리고 한 분보다는
세 분 정도의 멘토와 인연을 맺는 것이 좋습니다.

왜냐하면,
편향 오류(Bias error)를 최소화할 수 있기 때문입니다.

그래서 그 분들 중에
당신을 잘 모르는 '객관적인 분'이
한 분 정도 섞여 있으면 더 좋습니다.

그리고 만약, 같은 회사에서 근무하시는 분을
멘토로 삼(어떤 대상과 인연을 맺어 자기와 관계 있는 사람으로 만듦)는다면
반드시 입이 무거운 분을 선택하시기 바랍니다.

끝으로, 멘토들의 조언을 활용하는 방법은 간단합니다.

고민하는 문제에 대한 멘토들의 조언을 듣고
이를 종합적으로 검토한 후
본인에게 가장 유리한 결정하시면 됩니다.

마치 회사의 CEO처럼…

그러면 분명
그렇지 않은 분들보다
더 빨리 성장하게 될 것입니다.

19. 경험은 책으로 할 수 없다.

경험(經驗, Experience)은
'자신이 실제로 해보거나 몸소 겪어보는 것'
또는 '거기에서 얻은 지식'을 의미합니다.

그래서 책을 아무리 많이 읽고
가방끈(학력 수준)이 아무리 길더라도
'경험이 많다'고 말하지 않는 것입니다.

경험은 오직 현장에서
체득(體得, 몸소 체험하여 알게 됨)하는 것입니다.

그리고 다른 스펙들처럼
돈 주고 살수 있는 것도 아닙니다.

그래서 경험을 통해 나오는
베테랑(Veteran, 전문가)의
가벼운 말 한 마디가
절대 가볍게 느껴지지 않는 것입니다.

20. 생필법(生必法)은 알아야 한다.

살다 보면 법률 지식이 없어
곤란을 겪는 분들을 종종 보게 됩니다.

법률전문가들과 상담을 해도
무슨 말인지 정확하게 이해할 수 없다고 합니다.

그래서 '법을 좀 공부하시라'고 말씀드리면
다들 "굳이 내가 법까지"라며 손사래를 칩니다.

그러면서,
한자도 잘 모르고
어떻게 공부해야 하는지도 잘 모른답니다.

그러나 다들 아시겠지만,
세상에 어렵지 않은 공부는 없습니다.

그나마 다행인 것은
법(法)이라는 것은
어렵게라도 한번 공부해두면
정말 평생을
요긴(要緊)하게 사용할 수 있다는 것입니다.

그래서 저는 법을 전공하지 않은 후배분들에게
사회생활은 물론 인생 전반에 도움이 될 수 있는 법(이하 생필법)들을
미리미리 공부해두면 좋다고 조언해 드립니다.

물론, 이는 저만의 생각일 수도 있으니
반드시 다른 분들의 의견도 한번 들어보라고 덧붙여 드립니다.

아무튼 제가 생각하는 생필법은
'민법(民法, Civil Law)'과 '형법(刑法, Criminal Law)'입니다.
그리고 여력이 되신다면,
'상법', '노동법', '행정법', '민사소송법', '형사소송법'까지
공부하시면 훨씬 더 좋습니다.

그리고 앞부분에 설명해 드렸던
'상법'과 '노동법'이라고 말씀드립니다.

회계편에서도 말씀해드렸지만,
이들을 공부하실 때에는,
독학보다는, 학점이 인정되는 교육기관이나
법학전문학원(법무사, 노무사 등)의 강의(자격증 준비반)를 듣고
단기간에 1회독을 하는 것이 좋습니다.

비전공자로서 법학을 한번 공부해 보시기 바랍니다.
그러면 당신의 경쟁력이 한층 더 업그레이드될 것입니다.

21. 평생의 JOB을 미리미리 찾아라. ─────────

사회 초년생 때
직장생활(구체적으로 사기업에서의)을
경험해보는 것이 좋지만
이를 은퇴할 때까지 하는 것은 추천 드리고 싶지 않습니다.

왜냐하면,
장기적으로, 직장생활은 정말 답이 아니기 때문입니다.

그리고 만약 이와 같은 깨달음으로
조직을 떠나실 계획이라면
'반드시' 조직을 떠나기 전에
퇴사 이후에 할 일(자신의 평생 Job이 될 만한 일 또는 분야)을
미리미리 정하고 준비하시기 바랍니다.

왜냐하면,
인생은 생각보다 짧고
여러 가지 일(Job)을 경험해 볼 겨를이
충분하지 않기 때문입니다.

그럼에도 불구하고
많은 분들이 그런 준비 없이 회사를 떠납니다.

퇴사 이후 천천히 준비해도
괜찮을 거라고 생각하기 때문입니다.

그러나 이런 경우
인생 최악의 상황에 부딪치게 될 가능성이 높습니다.

왜냐하면,
일반적으로 회사를 다닐 때와는
비교할 수 없을 정도의 낮은 소득으로
몇 년을 버텨야 할 수도 있기 때문입니다.

물론 젊은 나이에 조직을 떠났다면
그나마 조금 낫겠지만
30대 후반 이후에 조직을 떠났다면
사실, 회사 밖의 삶에 적응하는 데에 만도
상당히 긴 시간이 소요될 수도 있습니다.

체력도, 건강도, 뇌기능도
예전 같지 않기 때문입니다.

게다가 부양가족(扶養家族, Dependent)이라도 있다면
줄어드는 잔고로 인한 부담이
더욱 빠르게 목을 조여올 것입니다.

22. 한우물을 파야 한다?

우리나라에는 다재다능(多才多能)한 분들이 참 많습니다.
여러 가지 모두를 중간 이상으로 하는 분들…

아마도 이분들은
스스로를 대단한 능력자라고 생각할 것입니다.

그러나 사회에서는 이분들을
'전문 분야가 없는 사람들'이라고 생각합니다.
한 분야를 깊게 파 본 적이 없다고 생각하기 때문입니다.

시장은 어떤 분야이든
한 우물을 오래 판 사람을 '진짜 전문가'라고 생각합니다.

물론, 요새는 2~3년 정도의 경력자분들도
스스로를 전문가라고
낯 뜨겁게 소개하고 다니지만,
일반적으로 시장에서는
10년 이상의 경력자분들을
'전문가(또는 실무 전문가, 회사의 팀장급)'
그리고 20년 이상의 경력을 보유한 분들을
'베테랑(Veteran, 전투 경험이 많은, 회사의 경우 임원급)'이라고 생각합니다.

"꼭 그렇게 긴 경력을 가지고 있어야만 전문가인가?"라고
질문하시는 분들이 많습니다.

저는 이분들에게 즉답(卽答) 대신에
아래와 같은 반문(反問)을 던져드립니다.

"당신이 암에 걸려 수술을 해야 하는데
수술이 잘 되면 완치될 수도 있습니다."

"만약 당신이 수술을 집도할 의사를 선택할 수 있다면,
해당 분야의 수술 경력이
2~3년 정도인 분,
5년 정도인 분,
10년 정도인 분,
그리고 20년 정도인 분 중에서
어떤 분을 선택하실 것인지요?"

아무튼 그럼에도 불구하고
다재다능한(Well rounded) 전문가 돼 보고 싶다면…
하나의 전문 분야를 만들고 이를 중심으로
본인의 넘치는 에너지를
다른 여러 분야까지
확대해 보시기 바랍니다.

23. 일 더하기 일은 이

일 더하기 일은 이(1+1=2)입니다.
너무나 당연한 산식(算式)입니다.

학교를 다닐 때는
이를 그냥 의심 없이 받아들이면 됩니다.

그러나 사회에 나오면 상황이 좀 달라집니다.

왜냐하면,
변수가 '충분히' 많기 때문입니다.

그래서 1 더하기 1이 2가 아닐 때가 많습니다.

예를 들면,
두 명을 채용했는데
네 명 몫의 성과를 낼 수도 있고
0.5명의 몫의 성과를 낼 수도 있기 때문입니다.

이와 같은 논리를 확장해 보겠습니다.

우리가 학교에서 배운

좀 더 복잡한 세련된 공식이나 이론들이
사회나 우리의 인생에
그대로 적용될 수 있다고 생각해서는 안 됩니다.

왜냐하면,
이런 공식이나 이론들은 대부분
가정(假定, Assumption)에 의해
만들어진 것들이기 때문입니다.

이와 같은 논리를 좀 더 확장해 보겠습니다.

당신이 지금까지 배운
실무 시식과 경험이
당연히 모든 조직과 상황에
적용될 수 있다고 생각해서는 안 됩니다.

왜냐하면,
오차가 없을 정도로
동일한 상황은 존재하지 않기 때문입니다.

너무 당연하다는 생각이
여러분을 실수로 이끌 수도 있을 것입니다.

24. 유연하게 생각하라.

생각이 유연(柔軟, Flexible thinking)하지 못하면
남들보다 좀 더 힘들게 살게 됩니다.

왜냐하면,
불필요한 고생이나 수고를 하게 되기 때문입니다.

물론, 자기만 고생을 하면
그나마 별문제(別問題)가 되지 않겠지만
만약, 그로 인해 다른 사람들까지 고생을 하게 된다면
평판은 물론
인간관계나 가족관계까지
파탄(破綻, 깨짐, Breakdown)날 수도 있을 것입니다.

인생은 '도 아니면 모'가 아니랍니다.

그리고 정답이 하나만 있는 것도 아니랍니다.

25. 리프레시(Refresh)는 선택이 아닌 필수 —————

사람은 누구나
휴식(休息, Break, 하던 일을 멈추고 잠시 쉼)과
리프레시(Refresh, 재생, 생기를 되찾게 함)가 필요합니다.

왜냐하면,
사람은 기계가 아니기 때문입니다.

그래서 휴식을 통해 주로 육체적인 피로를,
그리고 리프레시를 통해
주로 정신적인 피로를 풀어줘야 합니다.

만약, 이를 무시하고
매일매일 일에 묻혀 살면 위험해질 수밖에 없습니다.

물론, 젊고 체력이 좋을 때에는
전혀 문제가 되지 않을 것입니다.

그러나 나이가 들고
그 피로가 계속 누적됐을 때에는
본인이 의지와는 상관없이
갑자기 길게 쉬게 될 수도 있을 것입니다.

26. 도박과 투기를 멀리해라.

도박(賭博, Gambling, 내기)[30]이나
투기(投機, Speculation)[31]를 해서는 안 됩니다.

왜냐하면,
이것들은 자신은 물론 가족의 인생까지 망가트리는
패가망신(敗家亡身)[32]의 지름길이기 때문입니다.

그리고 마약과 같이 중독되기 때문입니다.

그래서 이런 성향을 가진 사람을 곁에 둬서도 안 됩니다.
결국 주변 사람들에게도 큰 피해를 주기 때문입니다.

더불어 투자(投資, Investment)와
도박이나 투기를 구분할 수 있는
나름대로의 기준을 설정해두는 것이 좋습니다.

---

[30] 내기를 하는 일, 요행수를 바라고 불가능하거나 위험한 일에 손을 대는 것(우리말샘)
[31] 기회를 틈타 큰 이익을 보려고 하는 일(우리말샘). Speculation: activity in which someone buys and sells things (such as stocks or pieces of property) in the hope of making a large profit but with the risk of a large loss. (Merriam-Webster's Learner's Dictionary)
[32] 집안의 재산을 다 써 없애고 몸을 망침(우리말샘)

27. 세상은 전혀 공정하지 않다.

세상은 전혀 공정(公正, Fairness)하지 않습니다.

왜냐하면,
사회를 구성하고 있는
대부분의 사람들이 그렇지 않기 때문입니다.

그래서 역사적으로도
공정한 세상은 단 한 번도 존재하지 않았습니다.

그래서 공정한 세상을 만들겠다는
정치인들을 지지(支持, Support)해도
이런 상황은 크게 달라지지 않는 것입니다.

아니 오히려 세상은
더 불공정(不公正, Unfair)해졌습니다.

왜냐하면,
우리가 지금껏 경험해온 것처럼,
그들은 그저
현재의 사회적 구조나 계급을
더 견고하게 만들 것이기 때문입니다.

왜냐하면,

그게 훨씬 더 쉽고,

훨씬 더 수지(收支, Profit)에 맞기 때문입니다.

사실, 사회생활도 제대로 해보지 않은

기득권층인 정치인들에게

공정한 세상을 만들어줄 것을

기대한다는 것 자체가 아이러니(Irony)입니다.

그러니 애초부터

세상에 공정을 기대해서는 안 됩니다.

그리고 '세상이 왜 공성하지 않냐'고

누구를 탓할 필요도 없습니다.[33]

그러면 자신만 힘들어지기 때문입니다.

---

[33] 물론, 제가 집필한 다른 책에는 이 문제에 대한 고민과 대안들을 언급했지만 이 책에서는 여기까지만 하겠습니다.

28. 다중인격자가 돼라.

다중인격(多重人格者, Multiple-personality)이란
'두 개 이상의 서로 다른 인격이 나타나는
의식 장애 상태(意識障礙狀態)'로 정의되는
단어 그 자체에, 부정적인 의미를 내포하고 있는 용어입니다.

그러나 저는 '다중인격'을
위와 같이 부정적으로 해석하지는 않습니다.

왜냐하면, 저는
현대 사회를 살아가는 많은 사람들이
다중인격(또는 이중인격, 이중자아)자라고 생각하기 때문입니다.

왜냐하면,
한결 같은, 하나의 인격(또는 자아)만으로는
요즘과 같이 복잡하고 빠르게 변화하는 세상에
적응은커녕 제대로 버티기조차 쉽지 않을 것이기 때문입니다.

그리고 실제 사람들도
'자기 안에 있는 다양한 인격체(또는 자아)들'을
상황에 따라, 너무나 자연스럽게
교체(交替, Replacement, Change)하며 살고 있기 때문입니다.

예를 들면,
애인과 함께 있을 때
부모님과 함께 있을 때
반려동물과 함께 있을 때
학창시절 친구들과 함께 있을 때
무서운 직장 상사와 함께 있을 때
하대(下待)할 수 있는 사람(乙)들과 함께 있을 때
자신이 원하는 것을 줄 수 있는 권력자와 함께 있을 때…

집에 있을 때
학교에 있을 때
사무실에 있을 때
클럽에 있을 때
운동 경기를 할 때
종교 시설에 있을 때
봉사 활동을 할 때
라이브 방송을 하거나 SNS에 글을 쓸 때…

팀원일 때(또는 乙일 때)
임원일 때(또는 甲일 때)…

견제 받지 않는 강력한 힘(또는 권력)을 가지고 있을 때…

서로 다른 인격(또는 자아)들로 교체되는 것입니다.

물론 저와 생각이 다른 분들도 계시겠지만
사회생활을 잘 해내기 위해서는
각 상황에 맞는 자아가 필요할 때도 있는 것 같습니다.

그래야 좀 더 빨리
각각의 상황에 맞는
성과(?)를 만들어 낼 수 있기 때문입니다.

그리고 사회 부적응자(社會不適應者, Social Misfits)라는
낙인도 찍히지 않을 것이기 때문입니다.

29. 인생의 철학은 필요하다.

사회생활을 하는 성인(成人)이라면
자기 인생(또는 삶)에 대한 철학(哲學, 인생관, 신조 등)[34] 정도는
가지고 있는 것이 좋습니다.

그렇지 않으면
심지(心志, 中心, 줏대)없이 휩쓸리거나
남이 원하는 인생을 살아 갈 수도 있기 때문입니다.

물론 철학이라고 해서 거창할 필요는 없습니다.
각자 중요한 것이 다르기 때문입니다.

그리고 어제 정한 철학을
오늘 변경해도 상관없습니다.
상황은 언제나 유동적이기 때문입니다.

다만, 남에게 보여주기 위한 철학이 아닌
자신의 삶에 보다 진지해질 수 있는
자신만의 철학을 가졌으면 합니다.

---

[34] 또는 세계관, 중요하게 생각하는 가치, 인생의 방향성, 존재나 삶의 이유 등

30. 운명(運命)은 있다.

과거에 저는
운명(運命, Destiny)이라는 것을 믿지 않았습니다.

그런데 사적, 공적으로
수많은 사람들을 겪으며 관찰한 후
거스르기 힘든 운명이,
비록 사람마다 그 영역이나 범위 등이 다르지만,
분명하게 존재한다는 것을 알게 됐습니다.

그래서 저는 주변분들에게
미래에 대해 너무 걱정만 하지 말고
해야 할 일을 성실하게 하며
하루하루를 행복하게 살라고 말해드립니다.

그러면 어떤 방식으로든
운명이라는 것이
길(≒방향)을 안내해 줄 것이기 때문입니다.

그러나, 물론, 대충 사신다면
그 운명이라는 것도
당신을 외면해버릴 수 있을 것입니다.

31. 인생에 대한 종합계획이 필요하다. ──────

비록 운명이 있다고 하더라도
인생에 대한 종합계획(회사의 경우 중장기전략)은 필요합니다.

물론, 이를 회사의 전략처럼,
세련되고 거창하게 만들 필요는 없겠지만
그래도 인생의 목표를 구체화하고
이를 달성하기 위한 세부계획들은
만들어 보셨으면 합니다.

처음에는 완성도가 떨어져도 상관없습니다.

왜냐하면,
이런 종류의 장기 계획은 원래
지속적으로 수정·보완하는 것이기 때문입니다.

그래서 처음에는
한 5년 정도의 기간 동안의 개략적인(Rough) 계획을 세우고
주기적(월, 분기, 반기, 연)으로
수정·보완해 보시기 바랍니다.

물론 중간에 사정이 변경(예상하지 못한 상황의 변화 등)되면

이를 또 적절하게 반영해 보시기 바랍니다.

그리고 이런 작업이 어느 정도 익숙해지면
계획 기간과 영역(또는 분야) 등을 조금씩 늘려가면서
디테일(비용, 재원 확보, Plan B, 상황별 시나리오 등)을
추가해 보시기 바랍니다.

그러면 자연스럽게
완성도가 올라가게 될 것입니다.

그리고 물론
인생을 좀 더
장기적인 관점으로 바라볼 수 있게 될 것입니다.

This page intentionally left blank.

This page intentionally left blank.

제**8**장

하찮은 질문들?

"상담자(相談者, Advisor, Counselor)에게
하찮은 질문은 없다."

제8장 하찮은 질문들?

"하찮은 질문이 될 수도 있겠지만…"

저에게 조언을 구하는 분들(피상담자, 被相談者, Counselee) 중에는 이런 뉘앙스(Nuance)로 말문을 여는 분들이 생각보다 많습니다.

물론, 밀은 그렇게들 써내시만 다들 '대답은 반드시 듣고 싶다'는 눈빛을 하고 있습니다.

당연히 저는 모든 질문에 대해 성의 있게 답해드리려고 노력합니다. 왜냐하면, 상담자(相談者, Advisor, Counselor)에게 하찮은 질문(중요하지 않거나 불필요하다고 판단되는 질문)이란 있을 수 없다고 생각하기 때문입니다.

물론, 질문 하나하나를 객관적으로 분석(分析, Analysis)한다면 '하찮은 질문'처럼 보이는 것들이 있을 수도 있겠지만 상담 전체를 하나의 큰 스토리(Story)라고 본다면 모두 제 역할을 하는 '필요한 질문'일 수밖에 없기 때문입니다.

그리고 사실 '하찮은 질문'인지에 대한 판단은 상담자가 할 수 있는 것도 아니라고 생각합니다. 즉, 이런 판단은 상담자의 권한 밖의 일이라고 생각합니다. 왜냐하면, 모든 상담은 피상담자의 니즈(Needs, 필요, 구체적으로 고민거리의 해답을 찾으려는 욕구)에 의해 시작되기 때문입니다. 그래서 그 니즈가 충족되지 않는다면 피상담자는 계속해서 다른 누군가에게 조언을 구할 것이기 때문입니다.

그러니 만약 다른 분들에게 상담을 받을(또는 조언을 얻을) 기회가 생긴다면 궁금한 것들을 '모두' 자신 있게 물어보셨으면 합니다. 그리고 상담자가 그 질문들을 하찮게 취급하는지도 꼭 확인해 보셨으면 합니다. 왜냐하면, 그런 상담자는 아마도 없을 것이기 때문입니다.

아무튼 이 장(章, Chapter)에서는 위에서 말씀드린, 질문자(피상담자) 스스로가 하찮다고 생각했던 질문들을 좀 소개해드리고자 합니다.

혹시라도 이와 비슷한 고민(苦悶, Worry, Trouble)을 하고 계셨다면 아래의 내용들을 한번 참고해 보시는 것도 좋을 듯합니다. 그리고 '정확하게 동일한 상황'이란 존재할 수 없기 때문에 반드시 주변에 계신 다른 분들의 조언도 들어 보시기 바랍니다. 왜냐하면, 그래야 본인에게 보다 적합한 답을 찾을 수 있을 것이기 때문입니다.

01. "제가 지금 맞게 가고 있는 건가요?"

사실, 대부분의 사람들이
사회생활을 시작한 이후부터 계속해서
'자신이 지금 맞게 가고 있는지'를 궁금해하며,
'자신이 지금 맞게 가고 있다'는 것을
다른 사람들에게
확인(또는 검증)받고 싶어 합니다.

과거 제 선배님들도 그랬고,
제 동기들도
그리고 제 후배님들도… 그랬습니다.

물론, 매사 확신에 차 있는 분들도
직위가 높은 분(임원급 포함)들도
예외는 아니었습니다.

왜냐하면,
누구나 처음 살아보는 인생이기 때문입니다.

02. "회사 문화가 저와 맞지 않습니다."

회사라는 조직에는 일반적으로
오랜 시간 동안 축적돼 온
문화(文化, Style, Culture, 또는 조직문화)라는 것이 존재합니다.

그래서 해당 조직에
새로 들어온 사람(Newcomer)은
당연히 이것이
자신과 맞지 않는다고 생각할 수도 있습니다.

만약, 이런 상황이 발생했다면
그 사람이 선택할 수 있는
경우의 수는 아래와 같을 것입니다.

①그 조직의 문화를 바꾸거나,
②아니면 그 문화에 적응(또는 수인)하거나,
③아니면 조직을 떠나는 것입니다.

그리고 만약, 도저히 적응할 수 없어
마지막 옵션(조직을 떠나는)을 고민하신다면
주변 분들의 조언도
꼭 들어 보시기 바랍니다.

03. "업무가 저에게 맞지 않습니다."

회사에서 하는 일이
적성(適性, Aptitude)에 맞을 가능성은 높지 않습니다.

왜냐하면,
회사가 직원들의 적성을 일일이 고려해
일을 맡기는 것이 아니기 때문입니다.

물론, 그렇게 하려고
노력하는 회사들도 있을 수 있으나
대부분은 그렇지 않습니다.

그리고 요즘 회사들은
인력이 늘 부족하기 때문에
한 사람이 여러 종류(또는 분야)의 업무[35]를
담당하는 경우도 쉽지 않게 찾아볼 수 있습니다.

왜냐하면,
회사는 직원들의 적성보다는
비용을 훨씬 더 중요하게 생각하기 때문입니다.

---

[35] 물론, 여러 사람이 하던 일을 한 사람이 하는 경우도 비일비재(非一非再)하답니다.

04. "일이 너무 많습니다."

일반적으로 직장생활을 하면서
업무가 줄어드는 경우는 거의 없습니다.

당신의 월급이 오르는 것처럼
당신의 직위(사원, 주임, 대리, 과장 등)와
직책(팀장, 부서장, 부문장, Chief Officer 등)이 올라가는 것처럼
당신의 일도 계속해서 많아집니다.

그래서 경력이 쌓일수록
일을 좀 더 효율적으로 하는 방법들을
끊임없이 고민해야 합니다.

그리고 이직에 대해서도
좀 더 적극적으로 고민해 봐야 합니다.

어차피 일에 파묻혀 살 거라면
보상(報償, Compensation, 연봉 인상, 승진 등)이라도
좀 더 받는 것이
훨씬 더 낫기 때문입니다.

05. "엑셀이 하기 싫어요."

"팀장님, 저는 엑셀을 안 쓰는 일을 하고 싶습니다."

"아니 그럼 무슨 일을 하고 싶은데요?"

"저는 좀 더 창의적인 일을 하고 싶습니다."

"예를 든다면 어떤 일요?"

"네 저는 마케팅전략이나 경영기획 같이
뭔가를 새롭게 만들어 내는 일을 하고 싶습니다."

"아… 그런 일을 하려면 엑셀이 꼭 필요하답니다.
전략이나 기획 업무에서 엑셀은
생필품에 가깝거든요…"

"아… 그래요?"

"… 만약 회사에서
엑셀을 사용하지 않아도 되는 일을 찾는다면
저에게 언제든지 알려주세요.
제가 반드시 이동시켜드리겠습니다."

06. "윗분들이 일을 잘 모르는 것 같아요."

네 그럴 가능성이 높습니다.

왜냐하면,
모든 윗분(또는 선배나 상사)들이
아랫사람들(이런 표현은 제가 싫어하지만 이해를 돕기 위해)보다
업무를 더 많이 알거나
더 잘하는 것이 아니기 때문입니다.

왜냐하면,
앞에서 말씀드린 바와 같이,
업무능력이 탁월한 분들만
윗분(팀장이나 임원도 포함)이 되는 것은
아니기 때문입니다.

그리고 IMF 구제금융(1997년) 이후에는
선배들에게 업무를 제대로 배운 후배(현재 당신의 윗분)들도
사실 그렇게 많지 않기 때문입니다.

그때부터 선배라는 이유만으로
수모를 당하거나 제거되는 문화가
본격적으로 뿌리를 내렸기 때문입니다.

현재, 만약 당신의 윗분들이
그들의 선배들에게 제대로 업무를 전수받았더라면
그 선배들의 깨달음들을 초석(礎石, 基礎, Foundation) 삼아
그 위에 자신들의 깨달음들을
차곡차곡 쌓아 올렸을 것입니다.

그리고 최소 한 사람 이상의 내공(內功)을
가지고 있었을 것입니다.

그런데 현재 당신과 근무하는
대부분의 윗분들은 그렇지 못할 것입니다.

그레서 윗분들과 일하다 보면,
그 윗분들과 당신이,
동기(同期)처럼 함께 맨땅에 헤딩(Heading)하며
동시에 일을 배우고 있다는 느낌을 받는 것입니다.

그리고 당신과 나이가 비슷한 윗분일 경우에는
더욱 그럴 수밖에 없을 것입니다.

왜냐하면,
당신과 경험치(經驗値)가
크게 다르지 않기 때문입니다.

07. "무례한 동료를 어떻게 해야 하나요?"

무례(無禮, Rudeness)한 언행을 한 사람이
선배인지 후배인지에 따라
그 수인한도(受忍限度, 당신이 참아 줄 수 있는 한계)가
달라질 수 있지만
일반적으로 이런 경우에는
상대방에게 직접 말을 하는 것이 더 좋습니다.

계속 참고 있으면
정말 상식 이하의 대접을
받게 될 수도 있기 때문입니다.

사회생활을 해보셔서 아시겠지만
세상에는 약자(弱者)에게만 강한,
겉모습만 어른(成人, Adult)인,
소인배(小人輩, 세칭 쪼다)들이 생각보다 많습니다.

그래서 좀 많이 불편하더라도
성인답게, 제대로 알아들을 수 있게
이야기하는 것이 좋습니다.

물론, 상대방에 따라

대화의 매너(Manner)를 좀 달리해야겠지만
절대 화를 내거나 폭력을 사용해서는 안 됩니다.[36]

참고로 윗분들과의 대화에서는
강대강(強對強, 사활을 건 강력한 대응)이 아닌
강대약(強對弱)의 전법(戰法, Tactics)을 활용하시는 것이
훨씬 더 효과적입니다.

그리고 이런 대화는,
합법적인 방법으로,
녹음을 해놓는 것이 더 좋을 수 있습니다.

---

[36] 잘못하면 이런 행동들이 형법상 폭행에 해당될 수도 있기 때문입니다. 형법상 폭행이란 사람의 신체에 대하여 '유형력을 행사'하는 범죄를 의미하며, 여기에서 '유형력'이란 반드시 상대방의 신체에 접촉돼야 하는 것만 의미하는 것은 아닙니다. 그래서 손을 잡아 끌어당기거나, 멱살을 잡거나, 물건을 내리쳐 부수거나, 삿대질을 하는 경우도 유형력의 행사에 해당될 수 있습니다.

08. "팀장님이 너무 갈굽니다."

만약, 직위(부장, 차장, 과장 등)나 나이(연령) 차이가
크지 않은 팀장이
사소한 일을 핑계 삼아
당신을 지속적으로
갈군다(사람을 교묘하게 괴롭히거나 못살게 군다)면…

그 팀장이 당신을
경쟁 상대(競爭相對, Rival)로 생각하거나
당신에게 열등의식(劣等意識)을
가지고 있을 확률이 높습니다.

그리고 만약
직위나 나이 차이가
좀 나는 팀장이
사소한 일을 핑계 삼아
당신을 지속적으로 갈군다면,
…
당신을 정말로 싫어하거나
당신을 이성(異性)으로
좋아하고 있을 가능성이 높습니다.

09. "기획팀에서 꼭 일해 보고 싶습니다."

총무팀에서 구매업무를 5년 정도 하셨던 분이,
자신의 커리어 개발을 위해,
'기획팀에서 꼭 일해보고 싶다'며
어떻게 해야 하는지를 물어보셨습니다.

그래서 아래와 같은 내용으로 상담해 드렸습니다.

만약 회사에
순환근무(循環勤務, Job rotation)제도가 정착돼 있다면
원하는 팀에서 근무할 기회를
얻을 수도 있을 것입니다.

그러나 그렇지 않은 회사라면
팀(또는 부문 등의 조직)을 이동하는 것이
상당이 힘들 수도 있습니다.

왜냐하면,
요즘처럼 회사의 조직 구조가
심각하게 역피라미드화(Inverted Pyramid Style,
고직위자나 고령자의 수가 과다)돼있고
인력도 계속해서 줄여가는 상황(신규채용 포함)에서

자신의 팀원을 흔쾌히 내주겠다는 리더가
존재할 확률은 거의 없기 때문입니다.

그럼에도 불구하고
본인이 원하는 팀(이하 타깃 팀)에서 근무해 보고 싶다면
아래의 두 가지 방법을 참고해 보시기 바랍니다.

우선, 첫 번째 방법은
현재 업무에서 긍정적인 평판을 쌓으며
사내채용(IJP, Internal Job Posting)에 도전해 보는 것입니다.[37]

만약, 타깃 팀의 선후배들과
평소 긍정적인 교류가 있었다면
수월하게 IJP에 성공할 수도 있을 것입니다.

그러나 IJP 여의치 않다면,
타깃 팀과 동일(또는 유사)한 업무를 할 수 있는,
다른 회사로 이직을 하는 것입니다.

물론, 이 경우에는
수평이동(연봉이나 직위가 그대로)을 해야 할 수도 있으니
여러 조건들을 꼼꼼하게 따져 보시기 바랍니다.

---

[37] 순환근무제도가 없는 회사에서도 사내채용제도는 운영될 수 있습니다.

10. "자투리 경력은 다 버리는 건가요?" ─────────

중고 신입(中古新入)으로
입사하는 경우에는
입사하기 전 1년(또는 회사에 따라 2년) 미만의
자투리 경력들은 대부분 버려집니다.

그러나 너무 억울해 할 필요는 없습니다.

왜냐하면,
중간 관리자급 이상으로
이직을 할 경우에는
이렇게 버려졌던 자투리 경력들이
요긴(要緊, Important)하게 활용되는 경우도 있기 때문입니다.

예를 들면,
타깃 회사의 인사팀이
차장 승진연한(경력 14년 이상)을 충족하지 못하는
경력직 후보자(경력 10년 차 과장)를 영입하기 위해
중고 신입 때 버려졌던
자투리 경력들(11개월 + 15개월 + 10개월)을
총 근무 연수(경력기간)에 포함시켜
차장으로 채용하는 경우도 있답니다.

11. "1년 미만의 경력도 이력서에 적어야 하나요?" ——

일반적으로 불미스러운 일(Unsavory matter)로
회사를 그만둔 것이 아니라면
1년 미만의 경력도
이력서에 적는 것이 좋습니다.

왜냐하면,
요새는 과거와 달리
짧은 경력을 가진 분들이
생각보다 많기 때문입니다.

단, 인터뷰는 확실하게 준비하셔야 합니다.

왜냐하면,
이런 짧은 경력에 대해서는
질문을 받게 될 가능성이 매우 높기 때문입니다.

그러니 반드시
당신을 좀 더 매력적으로 포장할 수 있는
스토리라인(Storyline, 줄거리)으로
스크립트(Script, 대본)를 준비해두시기 바랍니다.

12. "다른 일을 해 보고 싶습니다."

요즘에는 직장생활을 정리하고
사업(스타트업, 프랜차이즈 등)을 해 보고 싶다는
분들을 자주 뵙니다.

물론, 아주 훌륭한 생각입니다.

왜냐하면,
직장생활은, 장기적으로, 답이 아닐 가능성이 높고
요즘은 직장보다는
평생의 잡(Job)이 필요한 시대이기 때문입니다.

그러나 사업을 하려면 정말 꼼꼼하게 준비해야 합니다.

참고로 이와 관련하여
제가 최근에 은퇴자(간헐적 은퇴자 포함)분들에게
조언해 드린 내용들을 두서없이 공유해 드립니다.

① 회사를 그만둔 이후, 사업 아이템을 찾아서는 안 된다.

② 사업계획서 작성은 단순한 '문서작업(Paper work)'이 아니다.

③ 사업은 온라인과 모바일 기반으로 하는 것이 좋다.

④ 그러나 앱 개발을 가볍게 접근하면 낭패를 볼 수도 있다.

⑤ 온라인 마케팅(e.g., 유튜브, SNS 등)을 적극 활용해라.

⑥ 고정비(固定費, Fixed Cost, 특히 인건비나 임대료 등)는 최소화해야 한다.

⑦ 프랜차이즈는 길게 보면 남는 게 없다.

⑧ 창업 후 2~3년 뒤에 재투자(장비나 인테리어 등)가 필요하다.

⑨ 타깃 사업이 정해지면 알바로 12개월 정도는 경험해봐라.
그리고 유튜브 등을 통해 상세하게 공부해라.

⑩ 올인(All In)은 위험하다.

⑪ 첫 번째 도전은 가벼워야 한다. 어차피 대부분이 실패한다.

⑫ 정부지원금을 꼼꼼히 찾아봐라.

⑬ 시장이 충분히 커야 한다.

⑭ 노동법은 창업 전에 공부해라.

⑮ 새로운 것(트렌드, 첨단 기술 포함)을 늘 공부해야 한다. …

더 많은 내용은
아래 QR code를 통해 확인하시기 바랍니다.

아무튼, 사업은 성공하든 실패하든
분명 남는 것(Lesson, 교훈)이 있을 것입니다.

13. "회사의 크기가 중요한가요?"

'직원이 100명 정도인 회사'에 다니고 있는 분이
'직원이 200명 정도인 회사'에
이력서를 제출해도 되는지 물어보셨습니다.

그래서 저는

"어서 지원해 보세요."
"그리고 천명이 넘는 회사에도 지원해 보세요."
"이력서 제출에 돈이 드는 게 아니라면 다 제출해 보세요."
"인연이 닿는 회사라면 인터뷰가 잡힐 것입니다."

"그리고 큰 회사라고
큰 회사 출신들만 뽑는 것은 아닙니다."
"스스로 한계를 만들지 마세요."

그리고 이렇게 부연(敷衍)해 드렸습니다.

"외형(外形, Business Volume)이 더 크다고
이미지가 더 좋다고
언제나 모든 면에서
더 우수하지는 않답니다."

14. "팀장님과의 술자리가 일반적인가요?"

이성(異性)인 팀장님과
단 둘이 술자리를 갖는 것은 일반적이지 않습니다.

이런 술자리는
불필요한 구설수(口舌數, 남에게서 헐뜯는 말을 듣게 될 운수)를
야기할 가능성이 매우 높습니다.

그러나 팀장님과 함께
외부 인사를 만나
술자리를 갖는 행위는
그 모임의 목적이나 상황 등에 따라
다르게 해석될 수도 있습니다.

예를 들면,
당신의 네트워크를 빌딩해주기 위해
팀장님의 전직사(前職社, Former company)
동료나 후배들과
술자리를 갖는 것이라면
불필요한 구설수를 만들 만한 사건은 아닐 것입니다.

This page intentionally left blank.

This page intentionally left blank.

제9장

마무리(Closing)

"정답은 반드시 스스로 찾아야만 하는 것은 아니다.
정답이 하나만 있는 것은 아니기 때문이다."

제9장 마무리(Closing)

    제가 지난 4년 동안 젊은 직장인들(주로 20~30대)을 상담하며 알게 된 것은, 놀랍게도, 이들의 고민거리가 과거 선배 세대(世代)들의 그것과 크게 다르지 않다는 것이었습니다.[38]

    '가장 보수적인 조직 중에 하나인 회사'라는 조직에 적용하는 일은 어느 시대의 젊은이들에게나 매우 힘겨운 일이기 때문인 듯합니다.[39]

    그럼에도 불구하고 저는 '현재의 젊은 직장인들을 위한 조언(助言, Advice)의 내용들은 당연히 과거와는 달라져야 한다'고 생각했습니다. 왜냐하면, 일부 언론들과 기성세대(既成世代)가 '젊은이들(주로 MZ세대)의 가치관이 다른 세대들과는 상당히 다르다'고 주장했기 때문입니다.

---

[38] 물론, 저는 저에게 상담 받았던 분들(일종의 표본집단)이 모집단(母集團, 젊은 사무직 직장인들 전체)과는 다른 특이한 성향을 가진 분들이었다고 생각하지는 않습니다.

[39] 일반적으로 회사의 조직문화는 빠르게 변화하는 회사 밖의 문화보다 몇 십년은 뒤쳐져 있습니다. 왜냐하면, 회사는 아직도 전통적인 개념의 위계질서(位階秩序, Order of Rank), 승진제도(昇進制度, Promotion system) 그리고 제왕적 리더십(리더에게 상당한 권한을 부여하는) 등을 중요한 가치로 인식하고 있기 때문입니다. 그래서 많은 사람들이 근무해 보고 싶어하는 이미지 좋은 회사들도 아직까지 전근대적(前近代的, Old-fashioned)인 조직문화를 유지하고 있는 것입니다.

그러나 4년 넘게 젊은 직장인들을 상담을 해보니 막상 그런 것도 아닌 듯했습니다.[40] 왜냐하면, 그들이 찾고 있던 대답들도 선배들과 크게 다르지 않았기 때문입니다.

그래서 저는 '저와 상담했던 모든 분들'에게 이왕이면 '더 많은 선배들의 조언을 들어보라'고 말해 드립니다. 왜냐하면, 그런 조언들이 어떻게든 도움이 될 거라는 확신이 들었기 때문입니다.

저와 배경(背景, Background, 전공, 분야, 직무 등)이 다르거나 지인(知人, 아는 사람)이 아닌 객관적인 분들의 조언도 들어 보라고…

물론, 선배들의 조언들이 마스터키(Master Key, 만능열쇠)나 만병통치약(萬病通治藥, Panacea, Cure-all)은 아닙니다. 그래서 때로는 이런 조언들이 고민 해결에 전혀 도움이 되지 않을 수도 있습니다.

그러나 아무리 그렇더라도 혼자만의 생각으로 고민을 해결하는 것보다는, 선배들의 조언들을 청취하는 것이 앞으로의 삶에 좀 더 도움이 될 가능성이 높을 것입니다. 왜냐하면, 조언을 구하는 과정에서 최소한 여러 조언자들의 다양한 시각(View, 구체적으로 문제에 접근하고 대안을 찾아내는 시각)들은 축적(蓄積, Accumulation ≒ 데이터化)할 수 있기 때문입니다.

그리고 실제 문제를 해결하는 과정에서 얻은 경험과 정보들을 이와 함께, 자신만의 노하우로, 자산화(資産化)할 수도 있기 때문입니다.

---

[40] 물론, 이는 피상담자분들의 재상담률로 확인할 수 있었습니다.

그러니 매사 적극적으로 조언을 구(求)해보시기 바랍니다.

그리고 그렇게 모은 여러 조언들을 종합해서 최선의 의사결정을 해보시기 바랍니다. 마치 회사의 CEO처럼…

우리는 살면서 수많은 고민(苦悶)거리(또는 문제나 장애물)들과 마주하게 됩니다. 그리고 그럴 때마다 이것들을 해결할 수 있는 정답(正答, Right answer)을 '스스로' 찾기 위해 혼신의 힘을 쥐어짜곤 합니다. 마치 그런 답을 반드시 혼자 찾아야만 하는 것처럼…

그러나, 아시겠지만, 우리가 고민하는 대부분의 고민거리들은 이미 선배들도 충분히 고민했던 것들이랍니다.

〈 이상 〉

집필을 도와주고 떠난 '**개두리**'에게 이 책을 바칩니다.

– 서울대입구역 앞 사거리에서 –